julia lein

WHAT'S UP

WHAT'S UP

Das Buch für Austauschschüler und Eltern

von Heike Berg

Heike Berg Verlag

Coverfoto: Scott Orton
Umschlaggestaltung: Norbert Küpper
Druck und Bindung: Schönwald Druck, Berlin

Gesetzt aus der Sabon
Dieses Buch wurde auf chlorfrei gebleichtem Papier gedruckt.
Printed in Germany

Bezugsadresse für den Buchhandel: Rotation, Berlin
ISBN 3-9803785-1-9

„Welcome to New York. Wenn Sie uns besuchen, vergessen Sie bitte nicht, daß wir alle gerade die Flucht planen: Sie ist unvermeidlich. Und wenn auch der Termin des Ausbruchs noch nicht feststeht, so wissen wir doch, daß er uns an einen trostreichen Ort führen wird, wo die Nächte friedlich sind, die Tage mild und die Straßen gut geteert."

Jim Dwyer
GEO Special New York

WELTWÄRTS

von Georgia Tornow, Berliner Zeitung

Nein, ich will gar nicht damit hinter dem Berg halten: Sie sollen begeistert werden! Zwei Dinge sind es, die ich Ihrem Herzen – gerne auch dem Kopf – näher bringen will: Einen aus der Mode gekommenen guten Brauch und eine beeindruckend lebendige und tatendurstige junge Frau. Sie sehen, es geht ums Positive. Bleiben Sie ruhig skeptisch, aber lesen Sie weiter.
Lehr- und Wanderjahre hieß sie einmal, die Zeit zwischen Jugend- und Erwachsenendasein, wo man seine Füße eben nicht mehr unter dem Tisch der Eltern hatte, aber auch noch kein eigener Hausstand da war. Im sozialen Gefüge der Zunftgesellschaft war diese Phase Pflichtübung für jeden, der es zum Meister bringen wollte. Eine schlaue Konstruktion, müssen wir rückblickend bekennen, nicht nur, weil so der Andrang auf die limitierten Meister-Positionen zeitlich gestreckt, die Anwärter in alle Himmelsrichtungen verstreut und so die Konkurrenz zu Hause in Grenzen gehalten wurde.
Was uns gefällt in einer Gesellschaft, die Zuweisungen und Zugangsschranken für das berufliche Leben vom Grundsatz her ablehnt, die zur freien Entfaltung der Persönlichkeit eben auch die freie Berufswahl zählt, ist etwas anderes. Die wandernden Gesellen lebten etwas, was uns heute abhanden gekommen ist: Ihr Bildungserlebnis bestand aus der Verbindung von Wissen und Erfahrung, der sicheren Gewißheit des eigenen handwerklichen Grundstocks und seiner Erprobung in der unsicheren Fremde. Und natürlich erprobten sie dabei nicht nur ihre Fertigkeiten, sondern auch sich selbst, ganz und gar, als Person. Ist es nicht genau das, was wir heute mit dem Begriff „Identität" belegen? Ich glaube, diese Wandergesellen, die eigentlichen Tausendsassas ihrer Zeit, hatten zu diesem schwierigen Terrain einen Weg gefunden.

Heillos nostalgische Überlegungen in einer Zeit, wo wir doch beides haben: soviel Bildungschancen für junge Menschen wie noch nie, Reisemöglichkeiten, die Dank Interrail-Ticket und Mitfahrzentralen jedes Jahr die Dimension einer Völkerwanderung annehmen – insbesondere von jungen Menschen? „Freiheit und Abenteuer", das ist doch schließlich eines der am meisten befolgten Werbemottos! Tja, und da wären wir eben doch bei einem entscheidenden Unterschied: Wenn einer eine Reise tut, dann hat er – dann hat sie – zwar etwas zu erzählen. Über die anderen natürlich. Aber über sich selbst? Lehr- und Wanderjahre, das ist eine Konstruktion, die den Menschen ins Unbekannte entläßt, aber eben nicht ohne Anbindung an einen Alltag – Regeln, Konventionen, einen Platz, zumindest ein Platzangebot für sich selbst.

Genau das bietet ein Schüleraustausch. Unabhängig, flexibel, aktiv, neugierig, mobil, kommunikationsfähig... all das soll der moderne tolle Typ sein. Aber wie wird man das? Persönlichkeit, Ausstrahlung, den richtigen Platz für sich finden – papierne Ratgeber gibt es dafür genug, aber wo trainiert man die Suche danach? Und wann? Im echten Leben natürlich, und möglichst früh! Das Jahr bei Gasteltern in einem fremden Land hat da bei der ansonsten total unterschiedlichen Nachkommenschaft an Freunden, die ich im Vorher-Nachher-Vergleich erlebte, immer das gleiche wahre Wunder bewirkt: Abgefahren waren Kinder, zurück kamen spannende junge Menschen, die plötzlich viel besser wußten, was sie konnten, was sie wollten, wer sie sind. Wer sich nicht reibt, funkelt nicht. Sie hatten sich an anderen Verhältnissen und Menschen gerieben.

Heike Berg ist selber das beste Beispiel für diese Art Häutung. Hätten meine Eltern solch ein Buch in die Finger bekommen, vielleicht hätten sie mich gehen lassen, als ich mit meinen klammheimlich geschriebenen Bewerbungsunterlagen für den American Field Service vor ihnen stand. Denn hier werden Elternsorgen „das Kind" käme ohne eigenhändige Betreuung sofort unter die Räder, effektiv zerstreut – nicht etwa durch alberne Verharmlosung, sondern durch

Blicke mit Fernabstand, die „das Kind“ eben deswegen mit schärferer Kontur als selbstverantwortlichen Menschen zeigen. Wie soll man diese Perspektive gewinnen, wenn zu Hause der Dauerkonflikt um die Ordnung im „Kinderzimmer“ die gegenseitige Einschätzung prägt?
Unsere Autorin jedenfalls ist mit einem Riesen-Schub an Lebenslust und Energie zurückgekommen – oder kennen Sie eine 20jährige junge Frau, die gleich einen eigenen Verlag gründet, damit ihr Buch vom PC bis in den Handel aus einem Guß als ihr Werk vor uns liegen kann?
„Lehrjahre sind keine Herrenjahre“ heißt es bis heute. Von „Damenjahren“ war in der – in dieser Hinsicht – leider gar nicht guten alten Zeit nie die Rede gewesen. Da hat sich etwas geändert. Heike Berg hat ihr Gesellenstück abgeliefert – und wir alle können uns schon freuen auf „things to come“.

VORWORT

„So so. Du willst also für ein Jahr nach Amerika." Mein Vater legte den Kopf zur Seite und zog die linke Augenbraue hoch. „Und wie hattest du dir das vorgestellt?"

So wie die meisten, wußten auch meine Eltern zunächst nicht, was sie von meinen abenteuerlichen Ideen halten sollten. Ein Kind ein ganzes Jahr auf die andere Seite des Planeten zu schicken, abseits der elterlichen Obhut, das bereitete ihnen Sorgen. Ehrlich gesagt: Ich ahnte selbst nicht, was mich erwartete. Ich konnte mich nur so gut es ging vorher kundig machen: Es gab im wesentlichen zwei Informationsquellen. Ich lauschte auf die Geschichten ehemaliger Gastschüler und ließ mir Prospekte von gemeinnützigen und kommerziellen Austauschorganisationen schicken. Ich las die wenigen geschriebenen Erfahrungsberichte. Und dennoch – Papier bleibt Papier. Wie sich das Leben anfühlt, konnte mir keiner beantworten außer ich selbst.

Die Amerika-Gebrauchsanweisung gibt es nicht. Ich habe meine Geschichte den Tatsachen entsprechend niedergeschrieben. Sie bleibt aber doch immer meine Geschichte. Andere mögen ähnlich empfinden, ähnliches erleben, aber sie wird sich – gottseidank und leider – nicht wiederholen. So erhebe ich auch nicht den Anspruch, ein allgemeingültiges Urteil auf eine Nation zu stempeln, von der ich nur ein Bruchteil kennengelernt habe. Mein Buch handelt von meinen Erfahrungen und davon, wie ich sie individuell und subjektiv bewerte. Es kann niemandem die eigene Reise ersetzen.

Mein Buch soll Euch junge Leser ermutigen, die Koffer zu packen und die großartigen Gelegenheiten, die diese Welt Euch bietet, auszuschöpfen und zu genießen. Ob Amerika, Frankreich, Japan, ganz egal, wo es Euch hinzieht, oder ob Ihr am Ende doch lieber zu Hause bleibt – so viel Moral erlaube ich mir: egal wo Ihr lebt, lebt bewußt! Und Ihnen, liebe Eltern, soll mein Buch das Stück Seelenfrieden geben, das Sie brauchen, damit Sie es uns tun lassen.

Hoffentlich genießen Sie alle das Buch so, wie ich mein Austauschjahr.

Ich betrachte Mann und Frau als gleichwertig, verzichte aber auch im folgenden auf eine Trennung der Geschlechter durch In und Innen am Ende von scheinbar maskulin belegten Wörtern.

Inhaltsangabe

Fünftes Kapitel

Sechstes Kapitel

Teil III

Siebtes Kapitel

Achtes Kapitel

Neuntes Kapitel

TEIL EINS

Soll ich? Soll ich nicht?

Es gibt auf der Welt einen einzigen Weg,
welchen niemand gehen kann außer dir.
Wohin er führt frage nicht! Gehe hin!

Friedrich Nietzsche

ERSTES KAPITEL

Der Informationswust

Ich lehnte mich auf meinem Stuhl zurück und legte die Füße auf die halb herausgezogene Schublade meines Schreibtischs. Wo wollte ich eigentlich hin? Ich wäre gerne für ein Jahr nach Japan gefahren, aber die Japanprogramme, von denen ich gehört hatte, waren mir zu teuer. Das gleiche galt für Teile Kanadas. Das Problem bei Australien und Neuseeland war, daß dort das Schuljahr im Frühjahr begann, und nicht wie bei uns im Sommer. Ich wollte kein Semester verlieren, und würde ohnehin erst nach Abschluß der 11. Klasse fahren können. Europa schien mir zu nah, und für Israel, Thailand oder Brasilien fehlte mir die Courage. Blieben eigentlich nur noch die USA.

Anbieter in Sachen Amerika-Austausch gab es genug. Rechts von mir lag der Stapel Prospekte, den ich bereits durchgeforstet hatte, links lag der „Lies-als-nächstes-Stapel". Viel rot, bestechende Logos, riesige Überschriften. Auf den zahlreichen Fotos nur lachende Gesichter. Mit allen Mitteln der Kunst versuchten die meisten Austauschorganisationen, mich für sich zu gewinnen. Den Aufmachern Glauben schenkend, begann ich daran zu zweifeln, daß ich als Austauschschülerin geeignet sei. Ich verfolgte weder die Absicht, glänzender Cheerleader zu werden, noch wollte ich den täglichen Salat gegen Hamburger eintauschen.
Die Bilder und Texte irritierten mich, und viele der Versprechungen waren zu rosarot. Was war das, „mein eigener Betreuer"? Das klang nach persönlichem Eigentum, mehr um es in der Schublade aufzubewahren, als um es zu besuchen oder um Rat zu fragen. Auch die Mini-Preise waren bei genauem Hinsehen nicht so mini. Kleingedruckt fand ich die zusätzlichen Versicherungs- und Flugkosten, die bei anderen „teureren" Programmen schon im Preis inbegriffen waren. Die Wirklichkeit wurde verklärt, und kaum einer sagte einfach, was Sache war.

Erst nachdem ich alle Prospekte beiseite gelegt hatte, ordneten sich meine eigenen Gedanken: „Ich bin so wie ich bin“, stand begleitet von einem Schulterzucken ganz oben auf der Liste der Punkte pro Amerika. „Wenn ich nicht Cheerleader werden will, dann werde ich es nicht. Und wenn die Situation es erfordert, werde ich mich eben anpassen“ – Punkt Nummer zwei. Aber niemals werde ich mir meine Persönlichkeit amputieren lassen – Punkt Nummer drei. Und das Fazit: Ich werde einen gesunden Mittelweg finden.
Weiter kam ich nicht mit meinen Theorien. Mein Bild von Amerika war unscharf und geprägt von Hollywood-Spielfilmen sowie den wenigen Begegnungen mit Amerikanern. Diese Unwissenheit machte mich neugierig. Was steckte hinter der Fassade? Wie sah der amerikanische Alltag aus? Würde ich alleine zurechtkommen? Fragen über Fragen. High Noon und Denver Clan – das konnte doch nicht die Antwort auf alles sein. Ich wollte nicht länger second hand informiert werden, sondern alles mit eigenen Augen sehen. Die Organisation, die ehrlich mit den Schülern umging, würde ich schon finden.

Die Finanzfrage

„Ja, also, wenn man bedenkt, Mamilein, Papsi, und sowieso, die vielen atemberaubenden Vorteile, und ihr wollt und außerdem, nur das Beste für mich, wenn ja, dann, und überhaupt hättet ihr vielleicht allerhöchstens 7.900 Mark klein?“...

So habe ich es nicht gemacht. Dies ist ein gewaltiger Schritt, sagte ich mir, der will gut überdacht und geplant sein. Man bedenke schließlich, daß man bei fehlgeschlagener Überzeugungsmethode die Sache sofort vergessen kann. Ich gehörte nicht zu den Wenigen, die ein Stipendium erhielten oder über andere Geldquellen verfügten und war in dieser Sache von meinen Eltern abhängig. Ich habe mich erst einmal kundig gemacht, habe in Sachen Austausch ordnerfüllend recherchiert, geplant und geschwiegen.

Dann an jenem Tag im Dezember wußte ich: Der Zeitpunkt ist gekommen. Weihnachten. Ein warmer Abend in Südfrankreich. Pizza und Scampis in einem kerzenlichtdurchfluteten Restaurant mit Blick aufs Meer. Milder kann ich sie nicht stimmen. Ich eröffne mein Anliegen mit einem konventionellen „Mama. Papa. Ich muß mit euch reden." Ich schaue ihnen in die Augen, dann erkläre ich kurz und bündig, ich hätte mich nicht nur damit auseinandergesetzt, sondern ich sei davon so begeistert, daß es mich nicht mehr loslasse: „Ich will ein Jahr nach Amerika." Ich präsentiere das Programm der Organisation meiner Wahl. Kostenpunkt wahrscheinlich nicht weniger als 10.000 Mark inklusive Taschengeld. Mein Vater legt den Kopf zur Seite und zieht die linke Augenbraue hoch: „So so. Du willst also nach Amerika!"

Es wurde ein langer Abend. Zweifel erhoben und widerlegt, Vorteile erwägt und bestärkt, im Grunde war ich erstaunt, wie offen und schlicht wir das Thema diskutierten. Nach etwa zwei Wochen erreichte das Gespräch ein Stadium, in dem ich mich dezent zurückziehen und das Weitere meinen Eltern überlassen konnte. Ich widmete mich in der Zwischenzeit meiner Bewerbung.

Ich packe in meinen Koffer...

Eine Mutter fragte mich nach meiner Rückkehr, ob ihr Sohn seine Skiausrüstung nach Michigan im Flugzeug mitnehmen, oder ob sie sie ihm nachschicken sollte. Ich schlug ihr vor, alles zu Hause zu lassen. Skier würde er vor Ort leihen können. In Amerika gibt es, mit Ausnahme von unersetzlichen, unübertrefflichen Spezialeinrichtungen wie „Mutters Sauerbraten", alles, was der Mensch zum Leben braucht. Colgate ist geschmacksgleich, und Brötchen heißen in den Staaten rolls.

Die meisten Fluggesellschaften gewähren bis zu 60 Kilogramm schwere Koffer und eine Tasche Handgepäck. Für übergewichtige

Koffer muß man oft teure Zuschläge bezahlen. Daher sollte alles ins Gepäck, worauf man nicht verzichten kann. Wenn nun die Skier eine Maßanfertigung des Slalom-Champions mit Schuhgröße 47 sind, müssen sie natürlich mit...

...zu Hause wartete mein Bruder, die Sonne meines Lebens, der sich insgeheim wünschte, ich würde bei ihm bleiben...

Meine Bewerbung war erfolgreich. Ich hatte bereits zwei Wochen vor der Abreise Kontakt mit meiner Gastfamilie aufnehmen können, die die Organisation vermittelt hatte. So war ich auf heiße kalifornische Tage und kalte Nächte vorbereitet. In meinen Koffer kamen T-Shirts und Wollpullover. Shorts, Röcke und auch meine Skihose nahm ich mit. Badezeug, Sonntagsausgeh- und Samstagsrumrennhosen, eine Zahnbürste und meinen Lieblingsteddy. Außerdem kamen die wichtigen Papiere wie die ärztliche Bestätigung meiner Gesundheit und mein Visum ins Handgepäck und nur so viele Salamibrötchen, wie ich unterwegs essen könnte. Denn am Zoll, so wurde ich gewarnt, müßte ich sie entweder abgeben oder auf der Stelle verzehren. Aachener Printen nahm ich zweifach mit und brachte sie an verschiedenen

Stellen unter. Die Pralinen eines Bekannten waren am amerikanischen Zoll auf Rauschgift untersucht worden: Der Beamte hatte zu diesem Zweck seinen Zeigefinger in jede einzelne Praline gedrückt. Für den Fall, daß mir so etwas passieren sollte, hatte ich auf jeden Fall eine Ersatzpackung. Ich warf noch einen Blick auf die Liste mit Dingen, die ich per Gesetz nicht in die USA einführen durfte: Lebende Schnecken. Kein Problem. Schnecken wollte ich sowieso nicht mitnehmen.

Der Tag vor der Abreise

„Ich werde dich vermissen, Heiki." Ich blickte von meinem halb gepackten Koffer in die Augen meines Bruders. „Au ja, Nils, dich werde ich auch vermissen", dachte ich. Ich umarmte ihn. Ganz fest. Ganz lang. Wir können uns schreiben, wir können telepathieren, wenn der Mond am Himmel steht, dann denk ich an dich. Ich liebe dich, Nils. „Vergiß mich nicht." – „Nie."
Meine Freunde kamen überraschend vorbei. Ich packte ein letztes Mal meine Gitarre aus, und wir sangen ein paar Lieder – wir kannten die Akkorde nicht und auch nicht die Texte, aber das machte uns nichts. Irgendwann war es Zeit zu gehen. Ich fütterte meinen Hund Senta und zusammen machten wir uns auf zum Park. Die gemeinsamen Spaziergänge, die Sommertage im Freibad, Volleyball im Park, Claudias Stepptanz, nächtliche Koch- und Tanzsessions – „all das lasse ich zurück. Spinn' ich denn?" Hier ging ich Arm in Arm mit meinen Freunden, zu Hause wartete mein Bruder, die Sonne meines Lebens, der sich insgeheim wünschte, ich würde bei ihm bleiben... Aber ich muß. Ich MUSS gehen. Ich kann jetzt meine Meinung nicht ändern. Morgen ist der Abreisetag.
Es war ein viel zu kalter Tag im Hochsommer mit Nebel, der schwer auf dem Teich lag und alle Geräusche verschluckte. Kein Wind in den Bäumen, nur das letzte Tageslicht leuchtete fahl.

TEIL ZWEI

Die erste Hälfte des Jahres…

Welcome to the
Houston Family.

ZWEITES KAPITEL

Amerika

Glühende Erde. Die Sonne brannte vom Himmel und ließ die Luft vibrieren. Es verschlug mir den Atem, als ich in Dallas aus dem Flugzeug stieg. Mit 40 Grad im Schatten war es ein gewöhnlicher Spätsommertag in Texas. Ich schleppte meine 60 Kilo Gepäck vom einen Ende des Flughafens zum anderen und wieder zurück, als wir feststellten, daß wir am falschen Terminal waren. Zum Glück waren Reisebetreuer mit der etwa 20köpfigen Gruppe geflogen, sonst hätte ich vielleicht restlos die Orientierung verloren. Endlich waren alle Koffer für die Fünf-Uhr-Maschine nach Kalifornien eingecheckt.
Müde ließ ich mich auf einer Plastikbank nieder, während die anderen der Gruppe ihren Hunger mit den ersten amerikanischen Hamburgern stillten. Ein kleines Mädchen stellte sich vor mich und redete in einem Wortschwall auf mich ein. Ich habe keine Ahnung, was sie gesagt hat. Zunächst hatte ich sie gar nicht bemerkt, weil ich so tief in meine Gedanken versunken war. Doch auf einmal dachte ich, die spricht mit DIR, Heike. Ich habe sie angeschaut und sie mich. Ich bin sicher, sie hat englisch geredet, der Akzent war unverkennbar, aber ich habe kein Wort verstanden. Irgendwann habe ich – frustriert über diese erste Begegnung mit einem echten Amerikaner – angefangen zu lachen. Das Kind hat den Mund aufgeklappt und verblüfft geschwiegen, bevor es – wahrscheinlich genauso enttäuscht – seiner Wege zog.
Mir gegenüber saß jemand aus unserer betreuten Reisegruppe. Er zitierte die ersten Seiten aus Ovids Metamorphosen auf lateinisch für mich. Ich schaute auf seinen Teller, wo gerade der Ketchup aus dem Hamburger quoll und über den Salat floß. Ich war müde. Während er weiter Ovid zitierte, widmete ich mich meinen eigenen Gedanken. Noch drei oder vier Stunden, dann würde ich in Rancho Cucamonga sein. Bei den Houstons. Sie hatten mir einen Stadtplan geschickt und ein kleines Büchlein mit Fotos von der Familie. Die Houstons, das

waren Vater Dan, Mutter Lark, zwei Söhne, Shane (21), Jason (19) und Bonnie (11). Außerdem drei Pferde, drei Hunde, Gossamer der Fisch, Papagei und Wellensittich, ein paar Kaninchen und Frettchen. Ich war aufgeregt und studierte alles sehr genau. Kurz vor meiner Abreise hatten sie bei mir zu Hause in Aachen angerufen. Sie freuten sich auf mich. Ich freute mich auch. Meine brandneue Schwester Bonnie hatte mich gefragt, was ich auf dem Klavier spiele. Chopin. Am liebsten Chopin.

Garantiert kein Traum

Ich schaute aus dem Fenster der Delta-Maschine auf die Lichter der Stadt unter uns. Das war also Los Angeles. Ich drehte noch einmal die Kassette in meinem Walkman um, die Nils gemeinsam mit Serge für mich aufgenommen hatte. „On the mic you have Soda and Whiskey, SHHII Radio and TV-Station, and this tape is especially made for ...“, gemeinsam rufen sie ins Mikrofon: „MY BABY!“. So oft gehört, konnte ich bereits alle Textstellen auswendig.
Das Fasten-Seatbelt-Zeichen blinkte auf. Wir setzten zur Landung an.

Ich verabschiedete mich von Katja, Kerstin und Anke, die bald von ihren Gastfamilien abgeholt wurden. Anke würde in der gleichen Straße wohnen, Kerstin und Katja etwa 40 und 10 Kilometer entfernt. Das flaue Gefühl, das sich in meinem Magen breit machte, kannte ich bereits von meiner Sprachreise nach London. Dort war ich mit dem Bus angekommen ohne einen blassen Schimmer, in welcher Gastfamilie ich untergebracht würde. Die Scotts waren ein absoluter Glücksfall. Ich bin im darauffolgenden Jahr wieder zu ihnen gefahren, und auch meine erste Reise nach der Rückkehr aus den Staaten würde mich wieder dorthin führen. Jetzt stand ich aber mit meinem Gepäck auf einem halben Quadratmeter fremden Landes inmitten von Menschenmassen, die hektisch in alle Richtungen an mir vorbeidrängelten. Dort stand ich mit meinem flauen Gefühl, das nun langsam auch die Gewalt über meine Knie ergriff. Ich bekam Angst, vor lauter Aufregung ohnmächtig zu werden. Doch da sah ich zwei vertraute Gesichter. War das nicht..? Ja, das war Lark. Sie hatte längere Haare als auf den Fotos. Bonnie winkte mit einem riesigen Welcome-Schild.

Da vorne stand das neue Kapitel meines Lebens. Es trennte uns nur noch die Menschenmenge, durch die ich mich nun hindurcharbeitete. Was ich gänzlich übersah war, daß eine pedantisch reine Glaswand zwischen uns lag. Hinter meinen Augen gab es plötzlich eine mächtige Explosion, als ich dagegenknallte, und ich sah die berühmten Sternchen. Als ich mich wieder aufrichtete, standen Lark und Bonnie wie versteinert auf der anderen Seite des Glases. Beide hatten entsetzt die Hände vors Gesicht geschlagen. Ich hob die Hand als Zeichen: „Alles klar, ich bin o. k.“ Und wenn ich es bis dahin nicht gewußt hatte, so wurde mir spätestens jetzt klar: Es handelte sich nicht um einen Traum.

Ein Zuhause auf Zeit.

Im Auto redete ich mit Lark über die Golf-Krise. Ab und zu blitzten die schwarzen Augen der Mexikanerin durch das reglose, schöne Gesicht und verrieten das Feuer, das dahinter brannte. Sie war einen Kopf kleiner als ich, aber ich wußte, wenn sie es wollte, würde sie eine ganze Football-Mannschaft mit einem einzigen Hieb k. o. hauen. Für mich wurde sie im Laufe des Jahres zum bewunderten – selten auch gefürchteten – Inbegriff der Powerfrau. Eine Art Hillary Rodham Clinton mit mehr Zeit für ihre Tochter und einer Vorliebe für Pferde, Shopping und kalifornischen Weißwein. Es gab sie noch einmal in kleinerer Ausführung: Bonnie feierte kurz nach meiner Ankunft ihren elften Geburtstag. Ihre schwarzen Haare fielen über das Sommersprossengesicht bis zur Hüfte und wurden jeden Morgen von Lark geflochten, bevor sie Bonnie mit der gleichen Regelmäßigkeit zur Schule fuhr und nachmittags nach dem Verkauf einiger Häuser – sie war Maklerin – wieder abholte.
Angekommen vor meinem neuen Heim drückte Lark auf einen Knopf über sich. Da öffnete sich eins der beiden Garagentore quietschend und knarrend wie ein großer Schlund, der uns mitsamt Auto verschluckte. Das Quietschen und Knarren des Tors, unverwechselbares Zeichen für Heimkehr oder Abfahrt eines Familienmitgliedes, scheint mir heute so real wie damals. Auch das Zufallen der verklemmten Türe, durch die man aus der Garage in das Wohnhaus eintrat, höre ich noch.
Von der Garage aus ging man die Treppe rauf und rein ins offene Wohn-Eßzimmer oder in die Küche, den sozialen Treffpunkt des Hauses. Mein erster Blick war aus Gewohnheit immer in den Kühlschrank. Kam ich abends, roch es nach Essen. Lark und Dan waren fabelhafte Köche. Am besten waren ihre Tacos, die Salate, seine Spaghetti-Sauce, Kartoffelpürree mit Sauerkraut und Spare Ribs mit selbstgemachter Barbecue-Sauce.
An meinem ersten Abend war Dan allerdings auf Reisen und auch das Kühlschranköffnen und -schließen hatte ich noch nicht verinnerlicht. Lark tat es für mich: „Mein Haus ist dein Haus“, sagte sie, „wenn du Hunger hast, findest du hier drin etwas zu essen.“ Der Kühlschrank,

in den sie deutete, war so groß, daß man hätte hineinklettern können, wenn er nicht bis auf den letzten Zentimeter mit Lebensmitteln vollgestopft gewesen wäre.
Ich übergab Lark und Bonnie ein paar der mitgebrachten Gastgeschenke. Darunter ein Bildband über Aachen, anhand dessen ich immer wieder in den folgenden Monaten meine Herkunft erläuterte. Zu jedem Bild fiel mir eine Anekdote oder eine Sage über Aachen ein. Hier seht ihr den Dom und da ist das Klinikum – ein besseres Geschenk hätte meiner Mutter gar nicht einfallen können. Bonnie schenkte ich ein selbstbemaltes T-Shirt. Monate später bereicherte ich den Haushalt um eine Kuckucksuhr. Zur vollen Stunde waren oft die ganze Familie und Freunde schweigend darum versammelt, schauten zur Uhr hoch, die leise vor sich hin tickte, und warteten gespannt auf den Kuckuck und das Mädchen mit dem Regenschirm, das sich zur Melodie der Spieluhr drehte.

...und soweit das Auge reichte die Felsen des St. Gabriel Gebirges...

Der erste erlebnisreiche Tag meines Austauschjahrs war vorbei. Ich ging endlich in mein neues Zimmer und griff nach meinem Tagebuch, um alles aufzuschreiben – nichts vergessen, auf keinen Fall vergessen, das kommt alles in mein Buch, wenn ich wieder in Deutschland bin. Der 30-Stundentag siegte über mein Tagebuch. Mein Kopf sank ins Kissen; ich schlief lange und tief.

...Vor der Veranda lieferten zwei Kolibris sich einen Kampf. Ein riesiger Garten mit Blumen und Bäumen aller Art und Farbe bot eine angemessene Kulisse...

Drittes Kapitel

Der erste selbstgepflückte Pfirsich

Als ich am nächsten Morgen die Augen aufschlug, hatte das Tageslicht bereits mein Zimmer erobert. Neben mir sah ich ein kleines Nachttischchen mit einer Lampe und einem Telefon. An der Wand neben der Zimmertür stand ein Schreibtisch und ein leeres Regal, an der anderen Wand eine Kommode, darüber eine mit leeren Bügeln behangene Kleiderstange. In der Mitte des Zimmers lag ein aufgeklappter Koffer, aus dem zu allen Seiten das Zeug quoll, das bald dem Zimmer meinen ganz persönlichen „Touch" verleihen würde. Schließlich, direkt unter dem großen Fenster das Bett, in dem ich lag und neugierig meine neue Umgebung erforschte. Ich setzte mich auf und warf einen Blick aus dem Fenster: Vor der Veranda lieferten sich zwei Kolibris einen Kampf. Ein riesiger Garten mit Blumen und Bäumen aller Art und Farbe bot eine angemessene Kulisse. Weit dahinter türmten sich nach Ost und nach West, und soweit das Auge reichte, die schroffen Felsen des St. Gabriel Gebirges auf. Ich faßte mir an den Kopf. So hatte ich mir das Paradies vorgestellt. So, und kein bißchen anders.

Ich verbuddelte den Kopf wieder in meinem Kissen und schloß die Augen. Nochmal das Ganze: Tiefschlaf. Tageslicht. Rundblick im Schnelldurchgang und – zack – im Bett aufgesetzt und rausgeguckt: alles noch da. Die Kolibris, der Garten und die Berge. Am Bildrand Palmen und verstreut die Häuser der Nachbarn. Jetzt hielt es mich keine Sekunde länger in meinem Bett. Ich lief hinaus in den Garten und tanzte überglücklich im Kreis herum bis ich mich total erschöpft im Schatten eines Baumes ins Gras fallen ließ. „Amerika, ich bin da", dachte ich. Den schwer tragenden Ast, der vor meiner Nase baumelte, erleichterte ich um den größten, saftigsten und süßesten Pfirsich, den ich jemals gegessen habe.

A bis F zu Mrs Phillips

Mein erster Schultag war chaotisch. Ich mußte für meine Kurse erst einmal vor Mrs Phillips Tür Schlange stehen. Sie war der für mich zuständige Counselor. Einer von vier, die etwa 1500 Schüler betreuten. Es gelang zunächst nicht, mich in mehr als vier Kurse einzuteilen, da die meisten Schüler ihre Kurse bereits Wochen vorher „gebucht" hatten, und weil die Tutoren, die für G–L, M–R und S–Z zuständig waren, zur gleichen Zeit wie wir versuchten, Schüler in Hunderte, jetzt schon überbelegte Kurse unterzubringen. Ein paar Tage lang war ich zur zweiten Stunde gleichzeitig in Geschichte und Englisch eingetragen. Dann hatte ich in der zweiten Stunde Englisch und in der vierten Stunde Englisch. Zugegeben, auch diese Lösung war unoptimal. Aber bei jedem Computer-Ausdruck, den Nancy Philipps von meinem Stundenplan machen ließ, lächelte sie freundlich und sagte mit Bestimmtheit: „So. Jetzt haben wir's." Da bin ich nie auf die Idee gekommen, wir könnten es eben nicht haben.

Nach vielen Wochen hin und her, in denen ich auch einige Kurse noch einmal wechselte, weil sie mir nicht gefielen, war mein Tagesablauf endlich perfekt und in Mrs Philipps Computer wie folgt gespeichert: 1. Government, 2. Spanish II., 3. Calculus, 4. English IV., 5. U. S. History I., 6. Water Polo.

Mit Government – im nächsten Halbjahr ersetzt durch Economics, English im vierten Jahr, U. S. History und Kenntnissen in Algebra, Biologie u. a., war ich an dieser Schule für den amerikanischen Schulabschluß am Ende des Jahres qualifiziert. Eine Bekannte in Cincinnati konnte aber mit genau den gleichen Voraussetzungen an ihrer Schule kein „Diploma" erwerben. Jede Schule hat ihre eigenen Bestimmungen.

Um in Mathematik auf einem ähnlichen Stand zu bleiben, wie ich in Deutschland nach Abschluß der 11. Klasse gewesen war, wählte ich zusätzlich Calculus, einen Mathekurs, in dem Kurvendiskussionen und Analysis an der Tagesordnung standen. Im nächsten Halbjahr war ich mit Analytischer Algebra restlos bedient. Es war sicher gut, diese Kurse zu wählen, weil mir so die Gehirnzellen nicht eingerostet sind. Aber zurück in Deutschland war es im Grunde Demotivierung, nicht Unwissenheit, die mich im Abitur mit einer schwachen „4" abschließen ließ. Ich würde heute vielleicht eher von der Fülle der einzigartigen Fächer an meiner High School Gebrauch machen und Kurse wie Journalismus oder Business Law besuchen. Auf der Liste mit über 100 verschiedenen Kursen fand ich alles von Holzschnitzen bis Ringkampf.

Der Unterricht – von montags bis freitags mit dem gleichen Stundenplan – begann um 7 Uhr 50 morgens und endete um 2 Uhr 30 nachmittags. Nach jeder der 60minutigen Unterrichtsstunden hatten die Schüler sieben Minuten Pause, gerade genug Zeit, um zum Schließfach, dem „locker" zu gehen, und die Bücher und Unterlagen für die nächste Stunde zu holen. Dann kämpfte man sich durch die Menschenmassen und eilte in womöglich fünfminütigem Fußmarsch zum anderen Ende des riesigen Schulcampus, um rechtzeitig die nächste Klasse zu erreichen. Mit dem Klingeln schlossen sich die Türen, und waren meist von außen nicht zu öffnen. Das führte bei mir zu einem geradezu traumatischen Schreck beim Ertönen der Schelle. Wenn dem Lehrer über die Zuspätkommer der Geduldfaden riß, machte er die Türe einfach nicht auf.

Das war jedoch eher selten der Fall. Meistens bekam ich einen „tardy" oder auch „pass", einen Zettel mit mehrfachem Durchschlag, der jede Form des Regelbruchs belegte. Der vierte tardy konnte den Verweis aus dem Kurs bedeuten. Er war aber auch der Zauberzettel, der einem die Türen und Gänge über den Campus oder zu den Klos öffnete. „Pass to bathroom" stand dann darauf, und das (an vielen Schulen bis unter die Zähne bewaffnete) Aufsichtspersonal ließ einen problemlos passieren.

An einem Tag ließ Mrs August, meine Mathe-Lehrerin, mich eher gehen, weil im Sekretariat eine Nachricht für mich lag, die ich abholen sollte. Ich passierte das Schwimmbad und die zwei Sporthallen und wollte an einer Gruppe von Schülern vorbei auf den Pausenhof gehen, als hinter mir jemand rief: „Show me your pass please." Meinen

pass? Ich hatte keinen pass. Die Lehrerin, die danach verlangt hatte baute sich vor mir auf. Voller Selbstgefälligkeit stützte sie die Fäuste in die Hüfte und warf den Kopf nach hinten. „Ich habe die Macht“, wollte sie sicher mit dieser Pose sagen. Ich erklärte ihr, ich wollte nur schnell zum Sekretariat, eine wichtige Message abholen.
Ich beugte mich nach links und zeigte auf das Sekretariat hinter ihr, von dem wir keine 40 Meter entfernt standen. Sehen sie? Da muß ich hin. What's the problem? Sie deutete auf den Boden und sagte: „Stand behind that line.“ Ich schaute runter zu unseren Füßen, wo die aneinandergrenzenden Betonplatten eine schmale zementgefüllte Spalte freiließen, die sich in gerader Linie über den Hof fortsetzte. Ich schaute ihr wieder in die Augen. Das ist nicht ihr Ernst. Ich soll hinter dieser Linie stehen? „Why?“ fragte ich. Sie erklärte mir, es hätte noch nicht geschellt, und ohne pass hätten wir Schüler hier nichts verloren. Sie sagte es mit einem strafenden Blick auf die anderen Sünder. Dann drehte sie sich um und stand mit dem Rücken zu mir. Breitbeinig. Der Wind wehte mir ihre Locken ins Gesicht. Eine Minute später ertönte die Schelle.

Pass to sun

Am meisten mochte ich den „pass to sun“, den Mr Palicki, mein Englischlehrer ausstellte. Dann durfte ich meinen Macbeth mit auf den Schulhof nehmen und den Aufsatz dazu genüßlich sonnenbadend schreiben. Die Nachschreiber von Klassenarbeiten schickte er per pass in die Schulbibliothek, wo sie still arbeiten konnten. Komischerweise wurde gerade dort, wo das geballte Wissen in Regalen um einen herumstand, nie gepfuscht. Oder zumindest habe ich es nicht gesehen. Er hat uns einfach vertraut, und wenn jemand eine Wissenslücke hatte, kriegte er es so oder so heraus. Bei ihm durfte man die Füße auf den Tisch legen und Pizza essen, aber in keinem Kurs war es schwieriger, eine 1 bzw. ein A zu bekommen. Bei Palicki lernte ich Shakespeare lieben. Oft gab er uns ein Wort, und wir mußten bis zum

Ende der Stunde einen „creative essay" mit mindestens 500 Wörtern dazu schreiben. Manchmal kamen auch seitenweise Verse und Reime dabei heraus, etwa in diesem Stil:

„...Time passes by
slips away,
do you see sunlight's ray?
I won't give up
unless I die..."

Es ist spannend für mich, heute nochmal in den alten Unterlagen herumzustöbern, und all die Geschichten zu lesen, die ich in Mr Palickis Unterricht geschrieben habe. Noch nie hatte Schule für mich so viel mit Selbstentfaltung und -verwirklichung zu tun. Und es hat mich ungeheuer glücklich gemacht.

Die Benotung der kreativen Essays ging nach „Pass or Fail". Entweder man bestand, oder man fiel durch. Durchfallen konnte nur, wer nicht mitschrieb. Und was, wenn man nicht schreiben konnte oder mochte? Dann saß man vielleicht im falschen Kurs. Einfach wechseln. Ich jedenfalls habe es genossen, seitenweise Emily Dickinson auswendig zu lernen und vorzutragen. Zum ersten Mal wurden Gedichte, die ich geschrieben hatte, in der Schulzeitung abgedruckt. Ein paar der Dinge, die ich aus diesem Unterricht mitgenommen habe, werde ich mir wohl nicht mehr nehmen lassen: Ich habe dort gelernt, daß es mich nur einmal gibt. Wenn ich etwas Großartiges auf die Beine gestellt habe, dann darf ich mir auf die Schulter klopfen und sagen: „Das hast du wirklich gut gemacht." Wenn ich etwas will, dann liegt es allein bei mir, ob ich es erreiche. Selbst Gesetze kann ich ändern, wenn ich stark genug bin.

Mr Palicki war einer von jenen Lehrern, die die Tür zu ihrer Klasse nie schlossen. Jeder Besuch war willkommen. Er rief sogar manchmal Schüler vom Flur herein, drückte ihnen einen Dollar in die Hand und schickte sie damit in die Cafeteria, um einen Salat zu holen. Während sie rausgingen, fuhr er schon wieder mit seinem Vortrag fort, um sich dann mitten im Satz selbst zu unterbrechen und hinterherzubrüllen „...und vergeßt nicht, mir eine Gabel mitzubringen!“

Jeder Lehrer hatte seine eigenen Spielregeln, seine eigene kleine Welt. Das merkte man schon beim Eintreten in den Klassenraum des jeweiligen Lehrers: Bei Mike Kelly hingen ein paar Luftaufnahmen von Inseln des indonesischen Archipels, bei Jo Palicki hingen Fotos aller Footballmannschaften der Schule seit 1985. Er war ihr Coach, der Trainer in der Footballsaison.

Während man bei Kelly nicht essen oder seinen Platz verlassen durfte, wechselte man bei Palicki beliebig die Sitzordnung, schlürfte seine Cola mit viel Eis aus dem riesigen Plastikbecher, und wenn der Bleistift abgebrochen war, dann ging man zu seinem Schreibtisch, öffnete die oberste Schublade, und suchte sich einen neuen.

Das machte seinen Unterricht jedoch nicht einfacher. Auf sein Wort war Verlaß: Wenn er sagte „die zehnseitige Semesterabschlußarbeit liegt bis morgen früh 7 Uhr 50 hier auf meinem Tisch“, dann war 100prozentig gewiß, um 7 Uhr 55 nahm er sie nicht mehr an. Da nützte auch keine Austernvergiftung oder Magendarmgrippe: „Hättest du wirklich gewollt, dann hättest du es geschafft. Life's tough.“

Bei der amerikanischen High School handelt es sich um eine Art fach- und berufsorientierte Gesamtschule, von der etwa 75 Prozent eines Geburtsjahrgangs graduieren. Vergleichsweise liegt Japan mit 94 Prozent an der Weltspitze. Im Bildungsauftrag unterscheidet die High School sich wesentlich vom deutschen Schulsystem: Die Persönlichkeitsbildung jedes Individuums und dessen Integration in die Gemeinschaft, vom Football-Team über den Anti-Drogen-Club, stehen im Vordergrund. Die Gruppe, die alle anderen beinhaltet ist Amerika als Ganzes. Auch wenn verschiedene Auffassungen über die Art der Erziehung bestehen, wird doch – grob gesagt – überall der loyale amerikanische Staatsbürger gebildet, der sich mit seiner „Gruppe“ sehr stark identifiziert.

Für mich hieß das: umdenken. Nicht selten wurde aus voller Brust die Staatshymne gesungen oder die Ami-Flagge gehißt. Auch der Schüler-Präsident wurde mit riesiger Werbekampagne und Meinungsumfragen gewählt und gefeiert. Ich lernte, mich darauf einzustellen, die Einschränkungen zu akzeptieren und die Möglichkeiten voll auszuschöpfen.

Die Amerikaner sind oberflächlich und dumm

„Die Amerikaner können nicht addieren. Sie spielen den ganzen Tag Football oder gucken TV, und sie essen nur Hamburger". Aber am schlimmsten ist: „Die Amerikaner sind oberflächlich und dumm." Es ist totaler Quatsch! Unfug! Es jault und quietscht in meinen Ohren, aber ich höre es immer wieder. Genausowenig wie alle Deutschen Sauerkraut essende Nazis sind, kann ein undifferenziertes Pauschalurteil über irgendeine andere Kultur der Realität standhalten. Ist das Leben nicht überall plastisch und voller Vielfalt? Ich war mit Amerikanern in klassischen Konzerten. Mit Amis habe ich zusammen gelernt, wir haben über Politik diskutiert bis uns die Köpfe qualmten, und es war nie oberflächlich. Aber wir finden immer was wir suchen, und sei es, daß wir nach Amerika fahren, nur um unsere Vorurteile zu bestätigen.
Sicher kommt man in der verruchten amerikanischen High School unter Umständen durchs „Abi", ohne auch nur lesen zu können, aber was zählt das? Graduieren, es ist längst bekannt, kann fast jeder. Danach geht es erst richtig los, und wo wir in Deutschland unsere besten Geschosse bereits verdonnert haben, da holen die Amerikaner auf mit markt- und leistungsorientierten Elite-Universitäten.
Bildung nur für die Reichen? Stimmt ja gar nicht. Oder stimmt zumindest nicht nur: Hier gibt es auch Bildung für die Besten. Wer sich dazuzählen darf, kristallisiert sich bereits in der High School heraus. In Aachen habe ich unmotivierte Mathematikerin nicht nur in der Klasse sitzen müssen, ich mußte auch – zu unser beider Leidwesen – mit sehr guten Mathematikern in der Klasse sitzen. Umgekehrt habe ich mit meiner Freude an Englisch die Bank mit echten Frustbolzen geteilt, so daß ich am Ende immer neue Vorwände gefunden habe,

um dem Unterricht fernzubleiben. Ich bewundere Shakespeare. Dickinson und Pinter. Das konnte ich mir doch nicht vermiesen lassen. Mein Referat über die amerikanische Dichterin Emily Dickinson wurde von meinem Englischlehrer angekündigt als das „Referat über Emily Dickens. Und geben wir es mal zu, die Frau war doch verrückt!“

An der Alta Loma High School (zumindest dort, wenn nicht in ganz Amerika) hat man mir die Möglichkeit gegeben, frei zu entscheiden: Das kann ich am besten. Das interessiert mich, und wenn ich „outstanding“ bin, dann komme ich in einen Honors-Kurs. Ich wurde also – frei übersetzt – für meinen freiwilligen (!) Fleiß geehrt und saß fast garantiert nur mit hochmotivierten Schülern zusammen. Auch die Willkür der Lehrer in der Notengebung blieb uns erspart. Das Schuheputzen und Taschetragen, um eine möglichst gute mündliche Note zu erhalten, erübrigt sich in den Staaten weitgehend. Im Gegensatz zu deutschen 50 Prozent der Gesamtnote, fällt die mündliche Note dort nur mit 25 Prozent ins Gewicht.

Was ich in Deutschlands Bildungsmaschine nie empfunden habe, ist in Amerika die Basis für ein funktionierendes Bildungssystem: Begabtenförderung. Hier hilft es den Genies nicht, sich mit ihrem Genie zu rühmen – Fleiß und Ausdauer sind es, die sich bezahlt machen.

Ich hatte das große Glück, am Ende des Schuljahres mit einem wissenschaftlichen Zertifikat ausgezeichnet zu werden. Nicht, daß es mir mehr als eine sentimentale Erinnerung in meiner Laufbahn wert gewesen sei, aber allein die Teilnahme an der Vergabe war ein prägendes Erlebnis. Da saßen nicht nur Leute wie ich, die – vielleicht auch nur als Farce – mit einem Scheinchen hervorgehoben wurden (doch selbst von denen gab es nur eine handvoll). Da waren auch solche wie Jeff Bocan, die sich um die weiteren Schritte aufwärts auf der Karriereleiter eigentlich keine Sorgen machen brauchten: Cum Laude, Presidential Academic Fitness Award, CA Scholarship Federation, Burt Wiley Achievement Award, Chaffey Trust Fund Scholarship, usw. usw. Ein Haufen Pokale und dahinter ein noch größerer Haufen „financial support", sprich finanzielle Unterstützung. Hart- aber wohlverdient. Ich wünschte mir während der Zeremonie, ich hätte eine Universität und dürfte Leute wie Jeff unterrichten.

Grundsätzlich gelten hier die Gesetze des stärksten Willens. In meiner Freude am kapitalistischen System bin ich natürlich ignorant gegenüber seinen Schwächen. Ich bin mit optimalen Voraussetzungen in diese Welt gekommen und habe mir um bestimmte Dinge nie Sorgen gemacht oder bin im Grenzfall mit einem blauen Auge davongekommen.

...Ich wünschte, ich hätte eine Universität und dürfte Leute wie Jeff unterrichten...

Leider funktioniert aber in Amerika, dem „Land der unbegrenzten Möglichkeiten", nicht alles, so wie ich es hier deklariere. In den USA werden die High Schools von der Gemeinde finanziert, und nicht wie bei uns vom Staat. Daraus ergibt sich eine Reihe von Konsequenzen. Man kann sagen: Je reicher die Gemeinde, desto besser die High School. Das gleiche gilt natürlich auch umgekehrt für ärmere Kommunen, und hier beginnt und schließt sich ein Teufelskreis: Sozial Schwache werden – es sei denn durch glückliche Umstände oder aufreibenden Kampf – zumeist nicht in den Genuß erstklassiger Bildung kommen. Das widerum resultiert in einer fein verflochtenen unterschwelligen Diskriminierung, denn die equality, die in der Verfassung allen versprochene Gleichheit, ist im Grunde eine Gleichheit der Chancen. Equality of opportunity. Wer wirklich will, der kann. Das mag als Grundsatz oder guter Vorsatz stimmen, aber für einige sind die Voraussetzungen zum Nutzen der Chancen ungleich besser bzw. schlechter.

Komplexer wird es in den etwa 3 000 amerikanischen Universitäten, die unabhängig voneinander existieren und nicht mehr wie die High School allgemeinverbindlichen Gesetzen unterliegen. Theoretisch kann jeder eine Universität gründen, und diese mit unterschiedlichster Zielsetzung und technischer Abwicklung unterhalten. Durch Regeln bei der Vergabe von (zu wenigen) Stipendien wird vielerorts versucht, die Ungerechtigkeiten zu lindern. So kann eine Regel z. B. besagen, daß mindestens 50 Prozent der Vollstipendien an Schwarze oder an Frauen gehen müssen. Ich frage mich aber, ob jetzt nicht umgekehrt im Einzelfall gegen einen Weißen diskriminiert wird, der vielleicht jahrelang Bestleistungen erbracht hat, und trotz sozialer Not das Stipendium nicht erhält, weil es an eine Frau gehen muß. Equality ist noch lange nicht equality.

Auch die Lehrer sind keine Super-Menschen oder ausnahmlos überzeugte Idealisten, wie es in meiner Beschreibung erscheinen mag. Ich behaupte, wir erfüllen mit allem, was wir tun, einen eigennützigen, egoistischen Zweck. Motivation bedeutet Beweggrund oder Zweck im weitesten Sinne. Anders als bei uns sind Lehrer in den USA keine Beamten: Motiviert sind sie durch die angesetzte Frist für den Posten und die Möglichkeit, die Frist auf ein weiteres Jahr zu verlängern, wenn man sich in den Augen der richtenden Eltern oder Kommissionen bewährt hat.

Ich finde, die Idee an sich stimmt. Auch wenn es schwer ist dies gerecht zu gestalten: Die Freiheit der Lehrer und Schüler – überhaupt aller Menschen, sich zu definieren durch die Dinge, die man tut, und die Freiheit zu entscheiden, unterstütze ich sehr.

The Alpha Beta Card

Wenn die Familie Houston einkaufen ging, mußte ein elfköpfiger Haushalt versorgt werden. Die Vorlieben der Karnickel und Hunde wollten genauso bedacht sein wie die Diäten und Bedürfnisse der Menschen. Kurz gesagt, was Lark Jason und mir in Auftrag gegeben hatte, war der ultimative Großeinkauf.

Fußgängerzonen oder Einkaufsstraßen, wie man sie bei uns kennt, sind besonders im Westen der USA unüblich oder künstlich eingerichtet. Auch die Bäckerei an der Ecke oder den Tante-Emma-Laden kennt man nicht. Zum Einkaufen braucht man zunächst ein Auto, in dem man von Straße zu Straße fährt und von Block zu Block, vorbei an unendlich vielen anderen Autos, und vorbei an alleinstehenden 08-15 Holzhäusern mit 08-15 Vorgärten, vor denen es keine Bürgersteige gibt, weil Fußgänger nicht vorgesehen sind. Irgendwann erreicht man einen der riesigen Parkplätze, um die herum sich mehrere Supermärkte, Hair & Nail Shops, Banken und Schnellrestaurants gruppieren. Sehr marktorientiert. Und sehr kalt. Das Lächeln der Kassiererin ist genauso geplant wie die quadratischen Häuserblocks, und beim Anblick beider ist mir mit im Verlauf des Jahres steigender Tendenz immer übler geworden. Geradezu krank gemacht hat mich dieses monotone absolut nichtssagende Grinsen im Gesicht einer mir vollkommen fremden und unwichtigen Person, daß mich nach dem Schröpfen meines Portemonnaies immer wieder entließ in die noch monotoneren Straßen und Blocks von Los Angeles.

Hillside Road, diese letzte Straße vor den Bergen, wurde meine Insel, mein Domizil, wo ich stundenlang mit meinem Fahrrad entlangfuhr, um den Häusern und Straßen mit der zunehmenden Vertrautheit Bedeutung zu geben. Ein manchmal verzweifelter Versuch, das Vakuum des Fremdseins mit Werten zu füllen. Als ich nach Deutschland zurückkehrte, habe ich Amerika geliebt. Und verdammt – ich habe es mindestens ebenso gehaßt.

Aber wir hatten den Einkauf noch nicht erledigt. Ich kehre also zur eigentlichen Geschichte zurück, in der mein Gastbruder Jason und

Hillside Road, diese letzte Straße vor den Bergen, wurde mein Domizil, wo ich stundenlang mit meinem Fahrrad entlangfuhr, um den Häusern mit der zunehmenden Vertrautheit Bedeutung zu geben...

ich gerade das Auto vor den Supermärkten parkten, und er wie üblich ohne eine Erklärung zu seiner geplanten Tätigkeit aus dem Auto ausstieg. Zu dieser Zeit kommunizierten wir noch schweigend. Im Laufe des Jahres würden wir verschiedene Phasen der Kommunikation durchlaufen, meistens Formen von Streit oder Mißverständnis. Mal schreiend, mal zynisch flüsternd erörterten wir Themen wie Abwasch oder Löffel im Salat – ja oder nein. Ich fand, es sei ästhetischer, den Salat mit einem Löffel zu nehmen, aber Jason sagte, das sei completely ridiculous und griff, den Löffel ignorierend, mit der Hand in den Salat. Ich glaube es ging weniger um den Salat, als um unsere Stellung im Haus. Es hätte genausogut umgekehrt sein können, ich ohne Löffel, Jason mit Löffel. Ich weiß nicht, was wir uns beweisen wollten.

Jetzt waren wir aber erstmal in der Schweigephase. Ich sagte mir, es hätte nicht unbedingt mit mir zu tun. Vielmehr sei es ihm unmöglich

aus seiner TV-Welt voller Arnold Schwarzeneggers und Cary Grants, in die er zu Hoch-Zeiten acht Stunden am Tag versank, kurzfristig auszusteigen. Mit dem Fernseher brauchte man nicht reden, mit mir wohl. Sicher hatte er das verwechselt, und so waren Worte wie „ja" und „nein" das höchste der Gefühle. Den Tag, an dem er mich zum ersten Mal mit meinem Namen ansprach, markierte ich in meinem Tagebuch mit orangem Stift. „Good night, Heika", hatte er eines Abends gesagt. Für gewöhnlich sprach er aber nicht mit mir. Wenn er nicht in die Röhre guckte, hörte er so laut Hard Rock Musik, daß ich hätte brüllen müssen, um mich verständlich zu machen.
Er hätte mich kaum effektiver auf Distanz halten können. All meine Ideale, mein Streben nach Zusammengehörigkeit und Verständnis, einer gewissen Intimität mit den Menschen, mit denen man auf kleinem Raum zusammenlebt, zerschlugen an ihm wie an einer Mauer. Ich beschloß, es sei Energieverschwendung, jeden Gedanken, jede Meinung oder Antwort aus ihm herauszupuhlen. Ich stellte ihm nur noch Fragen, wenn es unbedingt nötig war. Ganz einfache, die er mit ja oder nein beantworten konnte.
Während ich also gerade feststellte, daß es Zeit war auszusteigen, schritt Jason bereits mit James-Dean-Schritten auf den Alpha Beta Supermarkt zu, stieß wie Rambo die Türe auf, und wie Jason ließ er sie genau vor meiner Nase zufallen. Ich verdrehte die Augen gen Himmel: „Lieber Gott, wenn es Dich gibt, dann komm jetzt und laß einen Blitz ihn erschlagen". Er riß die ellenlange Einkaufsliste in zwei Teile, gab mir eine Hälfte und ging in Richtung Gemüse davon.
Cornflakes, Barbecue Sauce, Cheez Whiz, Sour Cream,... bald war mein Einkaufswagen bis zum Rand voll, und ich traf Jason an „Kasse 4". Lässig zückte er die Supermarkt-Checkkarte und legte sie mit Pink-Floyd-Blick (ein Blick der unterdrückten Sehnsucht gen Horizont) vor die Kassiererin. „Hi. How are you today?" Ihre makellosen Zähne blitzten auf, doch Pink ließ sich nicht beirren. Seine Augen halb zugekniffen, hielt der Blick eisern am Horizont fest. Zum Glück erwartete sie nicht ernsthaft eine Antwort und nahm die Karte, nachdem sie alle Waren in der Kasse registriert hatte. Nach einer Sekunde

des ernsthaften Schweigens blinkten ihre Zähne wieder durch das Lächeln hindurch und sie säuselte: „Hier ist Alpha Beta!" Pink schaute sie an, zuckte mit der Schulter und nickte. Nach einer weiteren Schweigesekunde sagte sie kopfschüttelnd: „Das ist keine Alpha Beta Karte. Das ist eine Vons Karte." Und Vons war der Laden eins weiter. Ich gebe zu, mein Lachen war laut und hämisch. Jay wurde Anthony Perkins und warf mir Psycho-Blicke zu: Ich bring dich um, du nichtsnützige kleine Austauschschülerin. Er griff die falsche Karte und ließ die Kassiererin mit zwei Einkaufswagen voll unbezahlter Utensilien zurück. „Sorry", sagte ich voll aufrichtigen Mitleids zur Kassiererin, der das Lächeln inzwischen verlorengegangen war, und folgte meinem „big brother" zu Vons.
Die Gebräuchlichkeit von Plastikgeld in den USA ist nützlich, manchmal aber ganz schön verwirrend. Jede Telefongesellschaft, jeder Supermarkt hat seine eigene Karte. Jason hatte wohl einen Moment lang den Überblick verloren. Ich bin mit einem kleinen Bankkonto, von dem ich bei Bedarf Geld abgehoben habe, sehr gut zurecht gekommen. Für besondere Ausgaben hatte ich auch eine Checkkarte, was aber außer mir kaum jemand wußte. Daß ich in einer derart gut betuchten Familie wie den Houstons gelandet bin, ist die Ausnahme. Die meisten Gastfamilien, die ich über meine Freunde kennengelernt habe, mußten mit ihrem schwer erarbeiteten Einkommen sehr genau haushalten. Es wäre ziemlich uncool von mir gewesen, in deren Anwesenheit meine VISA-Karte zu zücken.

Viertes Kapitel

Der große Wagen

Sprache war für mich kein Problem. Vielleicht, weil ich keine Angst davor hatte. Die meisten Dinge brauchte ich nur einmal hören, um sie zu behalten. Andere Dinge prägten sich durch Übung und häufiges Wiederholen, zur Not auch durch Aufschreiben ein. In Mexiko lernte

ich wildes Gestikulieren, und für Yukiko aus Japan habe ich gezeichnet. Wenn ihr Gesicht aufleuchtete, und sie „Aaaah“ machte, wußte ich, sie hat mich verstanden. An Grenzen der Verständigung bin ich nicht gestoßen. Da ich kein Wörterbuch nach Amerika mitgenommen hatte, könnte man meinen, ich hätte länger gebraucht, um die Sprachbarriere zu überwinden. Tatsache war aber, daß es keine zwei Monate dauerte, bis ich englisch dachte und Tagebuch schrieb. Keine Woche verging, bis ich nachts meinen ersten Traum in englischer Sprache hatte:
‚Jason sitzt in seinem Zimmer am Schreibtisch und kritzelt mit Bleistift und Lineal auf den Tisch. Es ist das astronomisch genau dargestellte Sternensystem. Zwischen den Sternen, die er mit Strichen verbunden hat, rechnet er Aufgaben aus mit vielen Zahlen und griechischen Buchstaben. Er hat ein physikalisches Problem mit dem großen Wagen und fragt mich what to do with this. Der große Wagen? Ich beuge mich über seine Schulter, und betrachte die Rechnungen. Dann ziehe ich die Augenbrauen hoch und sage: „Take it down, and have a ride.“ Nimm ihn runter und fahr damit!‘

I don't drink alcohol

Wer sicher gehen will, daß er nicht zu Parties eingeladen wird, der mache es so wie ich in der folgenden Szene:
Fünf „real California dudes“, also kalifornische junge Männer wie sie im Buche stehen – Shorts, Muskelhemd, Strandschlappen oder durchgelatschte Reeboks, betraten das Wohnzimmer. Zwei davon waren meine neuen Brüder, Jason und Shane. Ein paar Mädels waren dabei, gleiches Outfit, aber L. A. Gears und Socken an den Füßen. Sie kamen also ins Wohnzimmer, warfen sich lachend und erzählend auf den Boden und in die Sessel, diskutierend, ob heute eher Basketball gespielt oder gegrillt würde. Ich derweil trug einen langen Folklore-Rock mit dem dazu passenden Top und schwarze Lackschuhe mit Schleifchen.

Ich glaube, ich hatte irgendetwas nicht mitbekommen, denn ich fühlte mich weder ungewöhnlich noch fehl am Platze in meinen – aus kalifornischer Sicht – Sonntagsausgehkleidern. Dem ganzen habe ich dann noch einen draufgesetzt, als ich, ohne mich vom Eintreten meiner neuen Bekannten und Zeitverwandten unterbrechen zu lassen, auf dem Flügel Bachs Solfegietto spielte. Daran schloß ich an mit Mozarts Alla Turca, und weiter ging's mit einer Polonaise von Tschaikowsky. Wie immer, wenn ich Klavier spielte, saß ich kerzengerade, und als Shane rief „Hey Heika", unterbrach ich mein Spiel und wandte nur dezent meinen Kopf herum. „You wanna party with us tonight? Have a few beers and stuff?" Er hatte mich tatsächlich zum Biertrinken eingeladen? Mich? Ich drehte mich vollständig zu ihm um auf meiner Bank und sagte mit meinem schönsten Lächeln: „No. I'm sorry. But I don't drink alcohol." Ich trinke keinen Alkohol. Jawoll. Cheers. Und wer's glaubt, wird seelig.

Ich hatte noch viel zu lernen. Klavier spielen, das war wunderschön. Auch mich so anzuziehen wie ich wollte, war o. k. Und natürlich konnte ich grundsätzlich sagen und nicht sagen, was mir gerade in den Kopf kam. Aber allein sein wollte ich doch gar nicht.

Entsprechend erstaunt war ich zu hören, daß ich oft Anlaß zu einem guten Witz war. Mir fehlte jedoch das Verständnis und der Humor, um über mich lachen zu können. Das Erkennen meiner Lächerlichkeit machte mich noch arroganter und unnahbarer, als ich es bereits war. Die reinste Schande. Es war der Ausdruck all meiner Vorurteile gegen Amerika, von denen ich schwor, ich hätte keine. Sicher war auch ein bißchen die Angst mit dabei, ich könnte den Ansprüchen und Erwartungen nicht gerecht werden an mich Deutsche, an mich Austauschschülerin, die von allen als überdurchschnittlich begabt angekündigt worden war.

Manchmal, wenn ich einen Blick in den Spiegel wagte, wünschte ich mir, ich sei nicht so auffällig, nicht so sehr auf dem Präsentierteller als Neuheit und mehr Gast als Teil von etwas. So zog ich mich zurück, durchwanderte einige Extreme, bis ich verstanden hatte, daß es für

alles eine Zeit gab, und daß jede Sache in jeder Situation ihr eigenes Maß hatte. Ungefähr in dieser Zeit begann ich mit den ersten „Was will ich"-Listen, in denen ich zunächst auf Kaugummipapier oder alten Quittungen und später mit Schreibmaschine für den „Was will ich"-Hefter ehrlich meinen Bedürfnissen und Wünschen auf den Zahn fühlte. Es funktionierte. Ich wollte mit meinen Brüdern Parties feiern. Ich wollte weiter Röcke tragen, meine Garderobe aber um Shorts und T-Shirts erweitern. Also tat ich es.
Bald wurde ich von Jasons Freund zu meinem ersten „Date" gebeten. Wir wollten zusammen ein Football-Spiel ansehen. Ich zog meine rot-blau-grün-pink-gelb gemusterte Shorts an und das T-Shirt mit der Ente, auf deren lila Hemd steht „PARTY ANIMAL". Stolz lief ich zu Jason, postierte mich vor ihm, die Hände in die Hüften gestützt, und sagte: „Na? Was sagst du?" Jason zögerte. Dann räusperte er sich: „Do you" er biß sich auf die Unterlippe „I mean. Do you... You wanna go like that?!" Ja, sagte ich, so will ich da hingehen. Ich schaute an mir herunter: Ein bißchen – schrill vielleicht? Ich zog mich um. Dunkelblaue Leinenshorts und ein seidiges T-Shirt mit langen Ärmeln. Wieder konsultierte ich Jay. Er nickte. Genehmigt. Ich machte ihn zu meinem Modeberater.

Man sollte sich nicht schlafen legen,
ohne sagen zu können,
daß man an dem Tage etwas gelernt hätte.

Georg Christoph Lichtenberg

Kochen macht Spaß

Essig, Öl, Salz, Pfeffer, Dill – das alles warf ich in die waschtonnengroße Salatschüssel, die am Abend sieben Personen, Shanes Freundin Dina inclusive, den Hunger stillen sollte. Ich war ein Fan von gutem Essen, und ich kochte leidenschaftlich gerne. In Deutschland hatte ich Geburtstagsgeschenke abgeschafft und bereitete stattdessen festliche Mahlzeiten. Auch die Weihnachts-, Familien- und Abschiedsessen waren fest in meiner Hand.

Seit meine Mutter ihr Geschäft hatte, kochte ich oft mittags für meinen Vater und mich, und das gemeinsame Essen öffnete uns die Türen zu einer ganz neuen Vater-Tochter-Freundschaft. Er kam jeden Tag in der Mittagspause nach Hause. Darauf war Verlaß. Wenn ich aus der Schule kam, dann war er da. Es war zwar zu Beginn etwas gewöhnungsbedürftig, meine Ganztagsmutter gegen einen Mittagspausenvater einzutauschen, aber bald erzählte ich ihm alles, was der Schultag mir gebracht hatte. Ich brauchte das zu dieser Zeit, und am Anfang war ich ganz schön traurig, daß meine Mutter nie mehr da war.

Ich habe den Mund gehalten, weil ich wußte, der Beruf erfüllte sie, und ich war sehr stolz auf sie, weil sie so dynamisch war und den Kopf voll mit guten Ideen hatte, die alle prompt funktionierten. Tatsache war aber, daß mir ein Stück Vertrautheit fehlte. Nach dreizehn gedankenlosen Kinderjahren, die sich immer in mal größeren, mal kleineren Kreisen um meine Mutter gedreht hatten, mußte ich das Alleinsein erst lernen.

Wahrscheinlich waren es diese Gedanken, in die ich versunken war, während ich die Zwiebeln für meinen Riesensalat schnitt. Jedenfalls war mir während des Zwiebelschneidens eine Fehlkalkulation unterlaufen. Als wir alle am Tisch saßen, herrschte beklommenes Schweigen, und man konnte nur das vorsichtige Kauen hören. Ich wußte, es wurde mir zuliebe geschwiegen. Als ich mich vor Lachen nicht länger halten konnte, löste sich auch bei den anderen die Spannung. Ich weiß nicht, ob es Zwiebel- oder Lachtränen waren, die wir weinten, auf

jeden Fall waren in dem Salat für sieben Personen genug Zwiebeln, um einer ganzen Baseballmannschaft Tränen in die Augen zu jagen. Diese Schusseligkeit ließ mich nicht mehr los. Wann immer ich zum Kochen in der Küche war, sagte irgendjemand: „Mach viele Zwiebeln rein! Ich LIEBE Zwiebeln!“ Damit aber lange nicht genug. Mein Pech vom Flughafen setzte sich fort wie ein böses Omen: Ich rannte immer wieder gegen verschlossene Türen oder Glasscheiben, so wie bei der allerersten Begegnung. Wenn im Haus ein lautes Geräusch oder Knallen ertönte – egal ob ich es nun war oder nicht – sagten alle unisono: „Uuups – Heike ist gegen eine Tür gelaufen.“
Ich laufe auch heute noch gegen Türen. Aber ich habe gelernt, über mich zu lachen.

Deutschland is o. k.

Als ich im deutschen Delikatessen-Laden einkaufte, gab ich darauf acht, daß mir dieses Mal nicht wieder zu viele Zwiebeln in den Korb rutschten. Ich plante, eine Pilzsuppe mit Blätterteighaube zu machen, und zur Hauptspeise Kassler mit Sauerkraut und Kartoffelpüree. Zum Nachtisch gab es Apfelkuchen. Es war der 3. Oktober, und ich hatte zur Feier des Tages die ganze Familie zum Essen eingeladen. Im Fernsehen zeigten CNN und andere Sender den ganzen Tag Aufzeichnungen von den ersten Öffnungen der Berliner Mauer. Das ganze Spektakel von 1989 und die Wiedervereinigung wurden noch einmal beleuchtet.
Ich fand es interessant, alles aus anderer Perspektive zu erleben. Ich hatte immer in der Selbstverständlichkeit eines geteilten Deutschlands gelebt, und wie die meisten habe ich gar nicht so schnell begriffen, daß plötzlich die Mauer auf war. Einfach auf. Man konnte durchgehen. In Amerika war das Verständnis dieses Stücks Historie noch eine Ecke befremdeter und befremdender als bei mir, die ich den Krieg und die Jahrzehnte danach nicht erlebt hatte, geschweige denn begreifen konnte.

Während des Essens beantwortete ich Fragen über meine Heimat. Zu sagen, ich sei patriotisch, wäre übertrieben, aber ich mochte Deutschland. Dort zu leben, war o. k., und – ja – nächsten Sommer würde ich gerne wieder dorthin zurückfahren. Vielleicht würde ich es wieder verlassen, um zu reisen, oder um woanders zu leben und zu arbeiten, aber Deutschland war mein Zuhause, dem ich mich in jeder Beziehung verpflichtet fühlte. Ich mochte es mit allen Sonnen- und Schattenseiten. Stillstand oder Langeweile waren für mich sowieso Fremdwörter, aber jetzt nach der Wiedervereinigung empfand ich es mehr denn je als Herausforderung. Es gab viele negative Entwicklungen, aber auch gute, und ich wollte Teil davon sein.

Ich hatte zur Feier des Tages die ganze Familie zum Essen eingeladen.

Ich war froh, gefragt zu werden. Ich wurde das Gefühl nicht los, daß die meisten Leute nicht darum keine Fragen stellten, weil sie alles wußten, sondern weil es ihnen peinlich war, in ihrer Unwissenheit bloßgestellt zu werden. Dabei nahm ich es niemandem übel. Als ich in der Schule gefragt wurde, ob Hitler noch lebte, und ob wir schon im Besitz von Mikrowellen seien, habe ich nicht gelacht oder entnervt die Augen verdreht. Ich habe gesagt, Hitler sei tot und der Krieg vorbei, und ja, wir hätten auch Mikrowellen. Von der gleichen Person lernte ich bei anderer Gelegenheit, daß es noch „echte" Azteken gibt, die noch tanzen und singen und Bücher schreiben. Ich war fest überzeugt gewesen, sie seien alle ausgestorben. Auch davon, daß die Majas die Null erfunden hatten, lange bevor wir das Wort „Rechnen" überhaupt kannten, hatte ich keine Ahnung. Natürlich war die Haupstadt von Deutschland nicht München, aber wie heißt die Hauptstadt von Texas? Und dieser Staat ist fast doppelt so groß wie Deutschland. (Sie heißt Austin.)

Born to be wild

Wem anders als Nils hätten meine Gedanken gehören können, als an einem warmen Herbstnachmittag Dans bester Freund Al kam. Wir hatten schon als Kinder geträumt, mit einer Harley durch die Staaten zu fahren. Auf der Traumliste stand das genau unter der Weltumseglung. So war es „a dream come true", ein Traum, der wahr wurde, als Al mich mit seiner Harley Davidson zu einer Spritztour in die Berge abholte. Er brauchte gar nicht klingeln, ich hörte schon das laute Brummen des Motors: „WROOOOMMMM WROM, ich bin so stark wie 68 Pferde", brummte er. Al trug schwere Biker-Stiefel und eine ärmellose Lederjacke über dem T-Shirt. Seine Sonnenbrille paßte zum schwarzen Bart. Ich zog meine Lederjacke an und setzte meine Sonnenbrille auf.

O. k., got the motor running. Auf die 68 Pferde geschwungen, letzter check, alles klar? Los geht's. We're riding on the Highway. Und dann raus auf den Freeway, lässig vorbei an den Autos und den Leuten von oben in die Cabrios geguckt: „Na? Steht ihr im Stau?" Den anderen Bikern und bärtigen Harley-Fahrern winkte man zu. Echt kultig. Mir fehlte allerdings die Kenntnis der Harley-Riten: Wer ganz hart drauf

war, der saß freihändig auf dem hinteren Sitz oder hielt sich allerhöchstens hinten mit einer Hand fest. Aber dafür war ich zu sehr Fußgänger und Fahrradfahrer. Ich hielt während der ganzen Fahrt Als Hüfte mit beiden Armen fest umschlungen.
Wir nahmen dann eine Straße zu den St. Gabriel Bergen. Auf den Serpentinen war kein Verkehr, und von den Felsen der Schluchten hallte das Geräusch des Motors wider. Irgendwo im Nirgendwo stand eine Hamburgerbude am Straßenrand. Da hielten wir an und saßen auf einem Baumstamm, die Füße auf der Harley hochgelegt, und aßen Hamburger. Ich kann dir sagen. Das ist Lifestyle. Wir fuhren auch zur Harley Messe. Die Leute dort sahen aus, als wären sie alle Teil einer großen Familie. In den Hallen verkauften sie Motorräder, Jacken, Stiefel – alles, was ein anständiger Biker zum Leben braucht. Al schenkte mir ein Shirt und ein Baumwolltuch. Das Tuch war lila, bedruckt mit Rosen, die sich am Rand entlangrankten. In der Mitte war ein weißes Pferd mit Flügeln. In den Staaten habe ich es oft als Stirnband getragen. Ich habe es so zusammengelegt, daß genau auf der Stirn eine Rose zu sehen war.
Wir machten noch oft Touren zusammen. Al zeigte mir den Hollywood Boulevard, und wir gingen essen im Hard Rock Cafe. Wir fuhren durch Beverly Hills und den Sunset Strip entlang. Als er mich nach unserem ersten Ausflug zu Hause absetzte, sagte Al: „Don't forget the wind.“ Nein. Keine Sorge, ich werde den Wind nicht vergessen. Er war zum Lebensgefühl für mich geworden, dem Gefühl grenzenloser Freiheit. Es war der gleiche Wind, der auf der Nordsee wehte, wenn wir wochenlange Segeltörns von Insel zu Insel machten. Der gleiche Wind zerzauste mir die Haare, als ich in San Diego Katamaran gesegelt bin. Wie könnte ich den Wind vergessen?

Im Nachhinein habe ich erfahren, daß mein Ausflug als Beifahrerin auf einem Motorrad nicht nur verboten, sondern auch unversichert war. Es ist eine meiner schönsten Geschichten und fast will ich sagen: „Gottseidank war ich so naiv“, sonst wäre ich vielleicht nicht mitgefahren und um eine prägende Erfahrung ärmer.

Die Geschichte eines Mädchens hörend, das in einer ähnlichen Situation weniger Glück hatte als ich, läuft es mir jetzt aber kalt den Rükken hinunter: Sie ist vom Motorrad gestürzt, und eine Operation am Herzen, mit der zunächst gerechnet wurde, hätte ca. 100 000 Dollar gekostet, die (vertragstreu) weder die Versicherung noch die Organisation bezahlt hätte.
Egal welche Aktivität – seien es Ausflüge, Reisen mit Freunden oder mit der Gastfamilie – muß man immer vorher überlegen: Ist das erlaubt? Bin ich in guten Händen? Bin ich versichert? Es ist durchaus sinnvoll, für die Zeit des Austauschs Haftpflicht- und andere Zusatzversicherungen abzuschließen. Auf jeden Fall sollte man sich schriftlich geben lassen, was die Versicherungspakete der Organisationen abdecken, und verantwortungsvoll über alle möglichen Situationen und damit verbundene Gefahren nachdenken.

...So war es „a dream come true", als Al mich mit seiner Harley Davidson zu einer Spritztour in die Berge abholte...

A party at Sheri's

Ein Gegensatz zu meinen Erfahrungen als Biker-Lady war eine Party bei Sheri Dahler, Larks bester Freundin. Shari Dahler wohnte in der Dahler Straße, und zu einem Ausflug nach Long Beach starteten wir im Rolls Royce. In Long Beach lag ihre Yacht. Die Party wurde aus besonderem Anlaß gegeben: Chuck Bader, ein Freund der Dahlers, wollte für das Amt des Senators in Kalifornien kandidieren. Er würde an diesem Abend die Werbetrommel rühren und noch einmal alle bitten, ihn zu unterstützen. Ich sprach mit dem Papagei, der in der Küche auf einer Stange saß.

Chuck Bader hielt eine Ansprache. Ich bat ihn anschließend, mir einige Fragen zu beantworten. Die Politik, dieses formlose Wort, sollte er für mich mit Sinn erfüllen. Er machte eine Show aus seiner Antwort. Ich wußte bereits zwei Minuten später nicht mehr, was er gesagt hatte. Ein Meister der Worte, wirbelte er auf seinen schwungvollen Sätzen einmal im Kreise herum, um dann mit einem big smile wieder auf beiden Füßen zu landen. Vor ihm stand Heike, für die Politik nun noch abstrakter geworden war. Sehr verdächtig. Ich setzte mich mit meinem Drink auf eine Couch und widmete mich still meiner Verwirrung. Der ältere Herr, der schweigend bei mir und Chuck Bader gestanden hatte, setzte sich mir gegenüber in einen Sessel und sprach mich an. Ganz gemütlich, und den Sessel mit seinem Volumen voll ausfüllend, lehnte er sich zurück und gab mir dann in aller Gelassenheit die Antwort. The answer to your question is... Ich brauchte einen Moment, eh ich begriff, daß er mir erklärte, was Chuck Bader eben nicht zu erklären vermochte.

Es war der Anfang eines abendfüllenden Gesprächs. Wir fanden beide, wir gehörten nicht so recht hierher – ich die Austauschschülerin, und er, der Barbier von Truman und Eisenhower. Ich schlug vor, statt Bader sollte er Senator werden. Er wußte so unglaublich viel. Aber da lachte er nur und winkte ab. In dem Zimmer, in dem wir saßen, stand ein weißer Flügel. Ich fragte ihn, ob er glaubte es sei o. k., wenn ich darauf spielte. „Why not?" sagte er schulterzuckend. Daß Mr Bader bereits entflogen war, und mein Spiel nicht hörte, störte mich nicht. Hautevolee – das ist ein Wort genauso leer wie Politik, wenn nicht Menschen mit Kopf und Herz dahinterstehen.

Ein paar Monate später stattete Ronald Reagan den Dahlers einen Besuch ab. Lark war auch zu dem Anlaß eingeladen. Sie wollte Bonnie und mich mitnehmen, aber die Security Guards bestanden darauf, daß keine Kinder kamen. Da bedankte sich Lark und sagte ab. Ihre Kinder waren keine peinlichen Kids, wo wir unerwünscht waren, da würde sie auch nicht hingehen. Gracias – but no. Ich hätte die Gelegenheit gehabt, Reagan abends im College zu sehen, wo er für die Studenten eine Rede hielt und sich ihren Fragen stellte. Ich erinnerte mich wieder an Mr Bader, der mit vielen Worten nichts gesagt hatte und fand, ich sollte besser zum Cliff gehen, den Sonnenuntergang bestaunen.

Homecoming

„Hey Heika, I wanna give you a fick newton“ – „You want to give me WHAT?“ Ich war total verdattert, als Marcus hinter mir stand und wiederholte „a fick newton.“ Ich mußte lernen, daß es sich um eine Sorte Kekse, und auch nicht fick – sondern fig (mit g) newtons handelte. Marcus schenkte mir oft kleine Dinge. Er kam auch jeden Tag in der Pause in die Cafeteria, in der ich arbeitete, und kaufte sich etwas zu essen bei mir. Wie sich herausstellte, kam er nur darum jeden Tag, weil er mich sehen wollte. Er war so eine Art junger Robin Williams. Ein Carlson vom Dach, nicht so dick, aber viel hibbeliger, hypersensibel und eine Seele von einem Menschen.
Irgendwann kurz vor Homecoming, einem Tanzball zu Ehren der „heimkehrenden“ Footballspieler, kam er wie immer in die Cafeteria. „Hi Heika.“ Er schaute nur kurz in meine Augen und dann auf den Boden. Er wippte auf den Zehenspitzen auf und ab und schob sein Essen hin und her, so daß ich dachte, es müßte jeden Augenblick

aus seinen verkrampften Händen fliegen und dem Jungen hinter ihm übers T-Shirt. Ich schaute ihn forschend an: ‚Willst du mir was sagen?‘ Aber Marcus zog die Augenbrauen weit hoch in die Stirn und kniff die Lippen zusammen, bevor er weiterging und sich nur noch einmal verstohlen umschaute.

Ich goß weiter flüssigen Käse über Nachos und wartete auf die befreiende Schelle, die mich zum Essen in den Hinterraum entlassen würde. Dort würde ich mit den Küchenangestellten und ein paar Schülern Fritten und Burritos essen und ihnen zuhören, wie sie über die lausigen Wohnzustände und die neuen mexikanischen Gangs in Chino schimpften, oder erzählten, wie sie sich morgens beim Rasieren ins Bein geschnitten hatten. Ich konnte mit solchen blutigen Geschichten nicht trumpfen.

In Gedanken war ich schon im Hinterzimmer, aber heute kam alles anders. Der große Verkaufsraum war bereits menschenleer, und wir räumten das Essen zurück in die riesigen Kühlschränke. Ich wischte verschütteten Käse von der Theke. Da ging mit einem Ruck die Schwingtür auf, hinein kam Marcus, durchquerte den Raum, blieb schließlich vor mir stehen und stieß hervor „Gehst du mit mir zu Homecoming?“ Ich befürchtete, wenn ich nicht ganz fix antwortete, würde ihn der Mut wieder verlassen, und er würde genauso schnell rausrennen, wie er reingekommen war, also sagte ich „YES.“ Er drehte sich um und machte einen Satz in die Luft, und wären die Decken niedriger gewesen, dann hätte er mit der Faust ein Loch hineingehauen. „JIPPIE“, schrie er. Ich ließ verlegen meine Augen nach rechts und nach links kullern, wo all meine Kolleginnen innegehalten hatten und erst mich anschauten, dann Marcus, und dann wieder mich.

Er war schon im Begriff rauszulaufen zu seinem Freund, der grinsend in der Tür stand, als Jane, eine vielleicht 40jährige Festangestellte, ihn zurückpfiff. „So, und jetzt kommst du gefälligst zurück und fragst sie nochmal anständig, wie es sich gehört.“ Sie stützte die Hand mit dem großen Holzlöffel darin in die Hüfte und schaute ihn streng an. Marcus kam zu mir zurück – strahlend über das ganze Gesicht – warf sich in Pose, legte die Hände hinter den Rücken und sagte: „Heika. Please. May I take you. Would you like to. Go to homecoming with me." – „THAT's a boy now!" rief Jane zufrieden mit ihrer kratzigen Stimme. Ich glaube, ich war ein bißchen rot geworden, und ich zitterte – es war wie in einem Film, aber in einem ganz besonders schönen. Ich lächelte. „I think" – zweifacher Augenaufschlag – „Maybe. Yes, I'll come."

... „Heika. Please. May I take you. Would you like to. Go to homecoming with me." – „THAT'S a boy now!" rief Jane mit ihrer kratzigen Stimme. Ich glaube, ich war ein bißchen rot geworden, und ich zitterte – es war wie in einem Film, aber in einem ganz besonders schönen. Ich lächelte. „I think" – zweifacher Augenaufschlag – „Maybe. Yes I'll come."

Vor dem Tag der Feier lud Marcus mich zu sich ein. Er stellte mich seiner Mutter vor, die auf einem Stuhl im Wohnzimmer saß und an einer Handarbeit nähte. Sie musterte mich und tauschte ein paar freundliche Worte mit mir aus, bevor wir in Marcus' kleines Zimmer gingen. Die Wände hingen bis unter die Decke voll mit Bildern von Baseballspielern. Er erklärte mir genau, wer wann welches Spiel gewonnen hatte. In der Ecke lehnte ein abgenutzter Baseballschläger, darüber hing ein Handschuh. Neben dem Bett hingen Fotos von den Schulbällen vergangener Jahre.

Ich lud Marcus auch zu mir ein. Er kam mit einem Gips, denn er hatte sich ein paar Tage vor dem Ball das Bein gebrochen. Das würde ihn jedoch nicht davon abhalten, mich auszuführen. Marcus war ein Kämpfer. Nachdem ich ihn allen vorgestellt hatte, fuhren wir in den Mall, das Einkaufszentrum, das angelegt war wie eine überdachte Geschäftsstraße, und kauften ihm ein Hemd und einen Schlips, der zu meinem Kleid passen würde. Ich wußte, er hatte wenig Geld, aber er würde in jedem Fall meinen modischen Rat befolgen. Daher war ich sehr vorsichtig bei der Auswahl. Ich selbst hatte ein einfaches knielanges Abendkleid aus schwarzer Baumwolle.

Am Samstag kommt das Sams zurück

Dann war es soweit. Samstag, der 3. November. Die Braves – so nannte sich unser Footballteam – verloren dieses wichtige Match kellertief. Kein Grund zur Trauer beim Gedanken an die abendliche Feier. Marcus schenkte mir ein Armband aus roten Rosen, und jemand machte Videoaufnahmen mit uns unter der Palme in seinem Vorgarten, und in der Sporthalle der Schule ließen wir unser Erinnerungsfoto schießen. Marcus stellte sich auf die Zehenspitzen, damit er größer war als ich. Grinsend schaute ich ihn an, zuckte mit den Schultern „Why not“ und ging ein bißchen in die Knie, bevor wir beide in die Kamera blickten, die blitzend unser Porträt einfing.
Für das Essen hatten die Jungen der Clique eine lange Tafel in einem Restaurant reserviert. Wir waren etwa 14 Leute, und alle trugen ihre schönsten Kleider. Die Kronleuchter in dem riesigen Raum leuchteten halbdunkel. Leise klassische Musik lullte die Herrschaften an den anderen Tischen ein. Der Kellner erschien in Smoking und Fliege mit einer weißen Serviette über dem angewinkelten Arm. Er war eine lebende Karikatur: Die Haare waren mit Gel nach hinten gekletscht, und die Zwirbel an seinem Schnäuzer vibrierten, wenn er von oben darüberhinweg auf seinen Bestellzettel blickte, auf dem er mit spitzer Feder unsere Wünsche notierte.

Marcus nahm einen Grashalm aus der Blumenvase vor uns und kratzte sich damit unter dem Gips. Es wurden Körbchen mit Brot gebracht und Silberschälchen mit Butterkugeln. Als Marcus sein Brot bestrichen hatte, steckte er sein Messer in die Butter und rief in die Stille: „Hey Jeff!“ – er saß am gegenüberliegenden Ende des Tisches. Die Herrschaften schauten pikiert von ihren Hummern auf, als Marcus ihm die Footballergebnisse mitteilte.
Der Kellner kam mit Wasserkaraffen und stand damit hinter Marcus, dem in diesem Moment das Bein im Gips einschlief. Er sprang auf und hüpfte auf einem Bein um den regungslosen Kellner herum, dem vor Schreck fast die Karaffe aus der Hand gefallen wäre. Er schüttelte den Kopf. Diese Kinder – dachte er sicher.
Marcus setzte sich wieder und trank sein Wasser in einem Zug aus, kaute auf den Eiswürfeln und spuckte sie dann wieder ins Glas, aus dem er den letzten Tropfen mit dem Strohhalm herausschlürfte. Nach dem Essen schaute er ernsthaft zu Michele rüber, auf deren Teller noch eine Tomate lag. „Ißt du die nicht?“ fragte er kopfschüttelnd. Als sie nein sagte, und er aufstand und mit den Fingern nach der Tomate griff, die sodann in seinem Mund verschwand, lächelte ich ihn glücklich an und dachte: „Robin-Carlson-Sams. Sowas wie dich habe ich noch nie erlebt.“ Endlich jemand, der immer er selbst blieb, der nicht seine Nummer aalglatt und mit dem Auge zwinkernd aufs Parkett legte.
Monate später wurde er in die kleine und sehr elitäre Zunft der Eagle Scouts aufgenommen. Das ist die höchste Auszeichnung der Pfadfinder. Sie haben Leben gerettet, oder besondere Taten vollbracht. Marcus hatte mich zu den Feierlichkeiten eingeladen. Ich war ganz schön stolz auf ihn, wie er auf der Bühne vor etwa 100 Gästen stand, verlegen mit den Armen schaukelte und sich für die Glückwünsche des amerikanischen Präsidenten bedankte.
So sehr er an Dingen des Alltags verzweifelte, so schüchtern er war, so viel Zivilcourage besaß er.

Fünftes Kapitel

Am Cliff geht die Sonne unter

Hillside Road war eine der letzten Straßen vor den Bergen. Wie ein schnurgerades Band zog sie die kilometerlange Grenze zwischen die Natur und die Zivilisation. An ihrem westlichen Ende stieß sie an das untere Stück eines tiefen Canyons, der durch eine breite Wand aus Sträuchern vor spähenden Blicken geschützt war. Es gab aber doch kleine versteckte Pfade, die den Suchenden zu einer Art Plateau über dem Abhang führten. Dort war mein Stein. Zwischen ein paar anderen Felsblöcken lag er, rund und glatt, groß genug, um zwei Menschen darauf Platz zu bieten.

Besser als jeder Kinofilm war die Szene, die zu sehen ich immer wieder an diesen geheimen Ort zurückkehrte. Manchmal, um ihn zu teilen mit besonderen Menschen, aber meistens allein oder mit Bear, der schwarzen Hirtenhündin. In der Ferne lag unter einer Glocke aus Smog das in der Hitze flimmernde Los Angeles, in dem die Sonne zur Nacht untertauchte und für eine kurze Zeit den verrauchten, staubigen Himmel dunkelrot färbte. Dann gingen im Tal Millionen Lichter an, und auf die Berggipfel hoch über mir und auf der gegenüberliegenden Seite des Tals schien der Mond. Bis auf das Rauschen der Bäche und kleinen Flüsse unten im Canyon herrschte Stille. Dann und wann das Jaulen der Hyänen in den Bergen oder das Rascheln eines Tiers hinter mir in den Büschen.

In den ersten Monaten war es oft mein Gastbruder Shane, der mich dorthin begleitete. Wir saßen uns dann im letzten Licht der Sonne auf meinem Stein gegenüber und lasen uns gegenseitig unser Horoskop vor, das wir jede Woche für 50 Cents im Supermarkt kauften, oder Gedichte, die wir jüngst geschrieben hatten. Manchmal rief er mich an, nur um zu sagen, daß er etwas geschrieben hatte, und daß er nach der Arbeit vorbeikäme, damit er es am Cliff vorlesen konnte. Er arbeitete in einem Büro und später bei Dan in dessen Teppichladen. Soweit ich mich erinnern kann, hatte ich nur ein einziges Mal mit Shane Streit. Es hatte einen Zwischenfall gegeben, und wir suchten beide die Fehler beim anderen. Als die Dinge wieder normal abliefen, kam er zu mir auf die Veranda, wo ich schweigend am Geländer stand und auf die Berge schaute. Er stellte sich neben mich, und schaute ebenfalls auf die Berge, ohne daß wir ein Wort wechselten. Es war die Ruhe vor dem Sturm.

Am nächsten Tag wurde der Kampf am Cliff ausgetragen. Wir beschimpften uns und fauchten uns an und warfen uns alle möglichen Sachen vor. Die rabiatesten Schimpfwörter, die man sich vorstellen kann, schienen nicht schlimm genug, um das vorangegangene des anderen zu überbieten. Im gleichzeitigen Stimmenhagel hatten wir kaum Zeit, Luft zu holen. Wir hörten gar nicht mehr, was der andere sagte, weil wir beide gleichzeitig fluchten. Bei Sonnenuntergang rief ich, er sollte gefälligst auf den verdammten Horizont gucken, es sei der letzte wunderschöne Sonnenstrahl des Tages. Da hielt er inne und schüttelte den Kopf. Ich schaute – immer noch grimmig – auf die untergehende Sonne, als er mich schnappte und liebevoll in seine Arme schloß: „Crazy girl. You crazy girl.“, sagte er. Du verrücktes Mädchen.

Heike und Bonnie

Nicht alle Miß- und Unverständnisse verliefen so rosig. Mit meiner Gastschwester Bonnie hatte ich Probleme, die weitaus schwieriger zu bewältigen waren. Immerhin hatte ich dem verwöhnten, stets umworbenen Nesthäkchen seine Stellung streitig gemacht. Ich hatte mehr Geduld mit den Pferden. Sie trat sie manchmal und schrie viel, wenn der eigensinnige Chief nicht parieren wollte. Daß ausgerechnet ich Newcomer die Erklärung parat hatte, Chief würde das noch nervöser machen, und sie dürfte ihn nicht schlagen, gab ihr natürlich den Rest. Dann hielt sie mitten in der Bewegung inne und starrte mich mit halb zugekniffenen Augen an. Wenn Blicke töten könnten...

...Kurz nach meiner Ankunft feierten wir ihren elften Geburtstag mit einem rosa Kuchen und grüner Sahne...

Umgekehrt konnte ich keine Brownies backen. Es muß Bonnie wahnsinnig auf die Nerven gegangen sein, wenn ich meine Finger in ihren Teig steckte, sie dann ableckte und mit Chefmanier sagte: „Die können noch Zucker vertragen." Ich wiederum spielte drei Jahre länger Klavier als sie. Immer, wenn ich mich zum Spielen hinsetzte, verging keine Minute, bis sie im Hoppsalauf ankam, sich neben mich auf die Bank knallte und jodelnd in die Tasten haute. Nicht daß wir es gewollt hätten, aber wir brachten uns einfach ständig gegenseitig auf die Palme. Wenn ich sagte: „Bonnie, stop." war ihre Freude von einer Sekunde auf die andere wie weggeblasen, und ich war der Spielverderber. „You are TOO serious." Daß ich zu ernsthaft sei, war natürlich nicht das Problem.
Ich liebte Bonnie. Kurz nach meiner Ankunft feierten wir ihren elften Geburtstag mit einem rosa Kuchen und grüner Sahne. Ihr hatte ich es zu verdanken, daß die Houstons mich aufgenommen hatten. Bonnie wollte eine große Schwester, und sie wollte mich. Sie liebte mich als

solche und sah mich in vielen Situationen als Vorbild. Oft war sie mehrere Stunden ununterbrochen an meiner Seite, verlagerte ihre Malsachen auf meinen Fußboden, während ich Hausaufgaben machte oder tobte schreiend und lachend mit mir durch das Haus. Meinen Stammplatz am Cliff kannte sie und spürte mich dort auf, auch wenn ich geschworen hätte, ich sei unauffindbar. Ich hatte sie meistens gerne bei mir. Wenn mein Freund mit mir ins Kino wollte, und es war Nachmittag, konnte er sicher sein, daß ich Bonnie nicht alleine zurückließ. Auch, wenn wir zum Strand fuhren, war sie oft dabei. Sie tollte stundenlang in den Wellen herum und war glücklich.

Unsere Ähnlichkeiten waren nicht von der Hand zu weisen. Wir spielten Klavier, wir ritten leidenschaftlich gerne, wir liebten die Natur, das Meer, den Duft von Frühlingsblüten und überhaupt alles Schöne.
Sogar in unserem Temperament waren wir uns ähnlich, wobei sie unberechenbarer war und ich uneinsichtiger. Sie konnte ganz schnell von Null auf Hundert sein, ohne alles so genau zu nehmen, und wenn sie sich ebensoschnell wieder beruhigt hatte, war ich nicht in der Lage, mich darauf einzustellen oder gänzlich über diese Launen hinwegzublicken. Die Spannung zwischen uns äußerte sich immer öfter, bis im November alles eskalierte. Der Auslöser war eine Winzigkeit, vielleicht eine Haarbürste am falschen Platz in unserem gemeinsamen Badezimmer. Es war jedenfalls belanglos.
Ich kam abends vom Babysitten nach Hause und fand das Türschild, das Bonnie für mich gemalt hatte, in winzige Fetzen zerissen auf dem Fußboden. „I love you Heike“. In Fetzen. Ich schloß meine Augen in einem Anflug beißender Stiche in meinem Herzen. Rückwärts ging ich wieder raus und verließ leise das Haus.
Ohne Zögern ging ich zu Marcia. Meine Gebietsvertreterin (engl. area representative) wohnte einen Häuserblock von uns entfernt. Den Kontakt zu ihr brauchte ich nicht pflegen, er ergab sich von allein. Marcia gab mir Klavierunterricht und bei Grillfesten traf man bei ihr garantiert sämtliche Austauschschüler der Gegend. Sie hatte

immer ein offenes Ohr für alle, und nicht zuletzt war bei McMurrays ein Whirlpool im Garten, der magnetische Anziehungskraft auf mich besaß. Ich war jedoch an diesem Abend nicht zum Baden gekommen. Durch die Garage ging ich ins Haus und setzte mich wortlos an die Theke in Marcias Küche, wo sie gerade werkelte. „Hey Heika. What's up?" Ich erzählte ihr alles von Anfang bis Ende. Sie versprach, sich darum zu kümmern. Immerhin waren Lark und Dan die besten Freunde der McMurrays.

Als ich nach einem ausgiebigen Spaziergang heimkehrte, hatte die Geschichte von Heikes Leid bereits die Runde gemacht. Lark, die immer wieder als Vermittler zwischen Bonnie und mir fungiert hatte, sagte, sie wolle nichts mehr davon hören. Wir Kinder sollten unsere lächerlichen Eskapaden gefälligst unter uns austragen. In der Küche wurde ich bereits von Dan erwartet. Bonnie saß auch dort – ganz klein und still.

Dan war nicht nur ehemaliger Boxkämpfer und Fallschirmspringer im Vietnam-Krieg und damit der härteste und stärkste Mann, der mir bekannt war, sondern auch der unumstrittene offizielle Herr im Hause. Warum ich nicht zu ihm gekommen wäre, raunte er mich mit seiner tiefen Stimme an. Er hätte Bonnie doch zur Rede stellen können. Sein grauer kurzer Bart hob sich farblich ab von seinem vor Wut roten Gesicht. Er sagte weiter, wenn ich nicht happy wäre – und jetzt brach meine Welt zusammen – wenn ich nicht happy wäre, dann sollte ich die Familie wechseln.

Ich schaute Bonnie an und sie mich. „Das habe ich nicht gewollt", sagten ihre Blicke. Dans Wortsalven schossen weiter auf mich hernieder. In meinem Kopf rotierten die Gedanken: Es war genau das eingetreten, was ich verhindern wollte. Marcia hatte ich befragt, nicht um Dan zu umgehen, sondern um keinen Familienstreit zu entzünden. Schon gar nicht, um meine Bonnie anzuschwärzen, die mich immer anflehte, ich möge nichts den Eltern und schon gar nicht Dan erzählen, dessen – zwar seltene – Wut kolossal unangenehme Folgen haben konnte.

Ihr hatte ich es zu verdanken, daß die Houstons mich aufgenommen hatten. Bonnie wollte eine große Schwester, und sie wollte mich.

Meine Rettung kam in Form von Marcia. Sie holte mich mit dem Wagen ab, und wir redeten ausführlich über die Situation. Das Ergebnis war klar und unumstößlich: Ich wollte auf keinen Fall die Familie wechseln.
Es mußte eine Lösung geben. Wahrscheinlich lag sie auf der Hand, und wir waren blind, weil wir zu sehr in der Situation verhaftet waren. Es fehlte mir die nötige Distanz, um die Zusammenhänge zu erkennen. Mir war nur klar, daß ich die Houstons als meine Familie verinnerlicht hatte. Die langen Abende mit Dan und Lark auf der Veranda. Die Geschichten, die Dan zu erzählen wußte, das Foxtanzen zu Country Musik in der Küche, der schlichte und umwerfende Humor der beiden, die zwei Jungs und Bonnie – überhaupt die ganze Familie mit ihrer Art zu leben, zu essen, zu reden – ich war bereits mehr Teil davon, als ich je erträumt hatte. Ich gehörte dahin. Eine Bank kann man auswechseln, ein Auto, aber Freundschaft und Zusammengehörikeit? Nein. Ich würde dort bleiben.

Das war noch nicht die letzte Hürde, die ich zu nehmen hatte. Aber meine Entscheidung war richtig. Anke, die deutsche Gastschülerin, die ich bereits seit der Ankunft kannte, war in ihrer ersten Familie sehr unglücklich gewesen. Sie hatte mit Marcias Hilfe gewechselt und wohnte jetzt bei mir in der Straße. Für sie war der Familienwechsel notwendig und wichtig. Bei den Queens verbrachte sie den Rest des Jahres eine gute Zeit. Ich aber mußte bleiben. Zweifel daran sind mir nie gekommen.

Marcia fuhr mit mir zu einem Aussichtspunkt in den Bergen, von dem aus ich das Tal mit seinen Lichtern überblicken konnte. Sie fragte: „Do you want to scream?“ Ich nickte. Ja, ich wollte schreien. Marcia stieg aus und ließ mich alleine im Auto. Der Urschrei kündigte sich in einem zaghaften, unsicheren Grummeln an, das sich langsam aufrichtete, aufblähte, zu voller Größe anschwoll, bis der Wagen unter den Schwingungen des lautesten, kraftvollsten Schreis erzitterte, den meine Kehle hergeben konnte. Ich brüllte die Lichter im Tal an. Ich schrie gegen die ganze Welt, schrie all den Mist heraus, den ich ja so satt hatte, ich schrie und schrie bis mir endlich die Stimme versagte.

Marcia stieg wieder ein. „Taschentuch?“ Mir liefen die Tränen die Wangen hinunter. Der Schrei hatte die Mauer meines ganzen versteckten Kummers gebrochen, und ein ganzer See von Tränen, der sich dahinter gestaut hatte, strömte hervor. Marcia, der nun auch die Tränen herunterkullerten, streichelte mir die Wangen und griff dann eine Rolle Klopapier, die sie bestimmt einen Meter abwickelte, damit wir uns mit je einem Knäuel die Nase putzen konnten. Wir schnieften und schluchzten. Die ganze Situation war so komisch, daß wir schließlich beide anfangen mußten zu lachen. Wir nahmen uns in die Arme und hätten uns fast in die Hosen gemacht vor Lachen. Sowas Verrücktes. Danach ging's mir gut.

Als ich nach Hause kam, war Bonnie bereits im Bett. An meiner Zimmertür hing ein neues Schild. Bunter und schöner als das andere. Auf meinem Bett lag ein Brief von Bonnie. Es tat ihr leid. Mir auch. Ich ging in ihr Zimmer, um sie noch einmal zur guten Nacht zu küssen und zuzudecken. Das tat ich oft, wenn sie schon schlief. An diesem Abend lag sie noch wach. Ihr Kissen war tränendurchnäßt. Sie hatte sich übergeben und Mom und Dad um Verzeihung gebeten. Sie flüsterte in mein Ohr: „Don't go Heika. I love you, and I want you to stay." Schon o. k., sagte ich, ich geh' ja nicht weg. Das wäre doch gelacht. Wer gibt sich denn so leicht geschlagen!

Den Kontakt zu ihr brauchte ich nicht pflegen, er ergab sich von allein. Marcia gab mir Klavierunterricht...

Der Krach geht weiter

Kein Austauschschüler in der Gegend, der nicht die Samstagabende auf den Feiern des „Club International" verbracht hätte. Gegründet hatten ihn ein paar Amerikaner und ehemalige Austauschschüler, die in Amerika geblieben waren und seit einigen Jahren dort lebten, um zu studieren. Sie hatten mit fünf Leuten ein Haus gemietet, und als

noch einige andere dazustießen, mieteten sie auch das Haus nebenan. Um den „Neulingen" unter den Austauschschülern über anfängliche Schwierigkeiten beim Einleben oder Kontakteknüpfen hinwegzuhelfen, trommelten sie uns alle zusammen.
Das Haus wurde eine Art internationales Zentrum. Die Haustüre stand fast immer weit offen, und zu Hoch-Zeiten waren Menschen aus etwa 20 Nationen – natürlich auch immer viele Amerikaner – gleichzeitig dort anzutreffen.

...Jeder kannte ein anderes Spiel, die Titelmusik zu Pippi Langstrumpf erklang in einem Dutzend verschiedener Sprachen...

Die Atmosphäre am Eßtisch oder in der Küche war dementsprechend: Es wurde diskutiert, viel gelacht, gekocht, gegessen und getrunken. Jeder kannte ein anderes Spiel, die Titelmusik zu Pippi Langstrumpf erklang in einem Dutzend verschiedener Sprachen. Wir waren eine einzigartige Gruppe von Menschen. Gleichgesinnte Einzelgänger, die von der Gruppe nicht abhängig waren, sich aber gerne mit einbrachten. Mir – und ich glaube vielen anderen – gab es ein nachhaltiges Gottseidank-Gefühl, daß ich nie Kompromisse in der Wahl meiner Freunde eingegangen war, das Gefühl du bist nicht allein, es gibt noch mehr auf der Welt, die so sind wie du, oder zumindest dir ähnlich. Sicher traf es nicht auf alle zu, aber viele von uns waren, sagen wir, „integrierte Außenseiter". Voller Hoffnung und Motivation. Voller Geduld auf der Suche nach den Dingen und Menschen, die für uns „bestimmt" waren. Die Beziehungen zogen ihre Fäden auch durch das Alltagsleben. Mit einigen ging ich auf die gleiche Schule, Ray und ich sangen sonntags im katholischen Kirchenchor, Louie arbeitete in der Pizzeria, in die wir oft unser Abendessen verlegten.

Wie ich Tom kennenlernte, weiß ich nicht mehr, aber es war sicher auf einer der Club International Parties. Er holte mich gewöhnlich ab und brachte mich auch immer pünktlich um zwölf wieder nach Hause. Zwölf, das war mein curfew, meine persönliche Sperrstunde. Dann spätestens wurde von mir erwartet, daß ich die quietschende Haustür ins Schloß warf. Von innen.

Ich nahm das nicht so besonders ernst, und daß ich immer rechtzeitig da war, lag eher an meiner Natur. Ich wollte für gewöhnlich um diese Zeit im Bett sein, damit ich den frühen Morgen nicht verpaßte. Ich hatte aber durchaus auch eine Ader für lange Nächte. Die Tage, an denen Nils und ich erst zum Frühstück wieder aufkreuzten, waren ungezählt. Meine Eltern haben sich auf mich verlassen, und sie kannten meine Freunde. Daß ich auf mich selber aufpassen konnte, war für mich das Natürlichste der Welt. Wenig Autorität, Offenheit und Ehrlichkeit in allen Dingen und ein ausgeprägtes Verantwortungsbewußtsein, waren Teil des – wenigstens in unserer Familie – bewährten Erziehungskonzepts gewesen.

Als Tom mich also gegen zwölf am Samstagabend heimfuhr, hatte ich keine bösen Gedanken und auch kein schlechtes Gewissen, als er einen Abstecher zum Haus seiner früheren Gastfamilie vorschlug, und ich zusagte. Sie wohnte bei uns um die Ecke und hatte einen großen Stall mit vielen Pferden. Natürlich war ich neugierig darauf. Toms „Eltern" hatten seit Jahrzehnten Austauschschüler aufgenommen und waren jetzt das erste Jahr ohne Gast. Er selbst stammte aus Japan und lebte bereits seit etwa fünf Jahren in seiner eigenen Wohnung. Ich

besichtigte die Ställe und den großen Parcours, von dem aus man das Tal überblicken konnte. Es war eine klare Nacht mit einer Sternschnuppe nach der anderen. Wir machten Wünsche. Wir schauten auf die Lichter der Stadt und redeten über uns. Über unsere Grundschullehrer, unsere Träume und über klassische Musik. Wir redeten bis fünf Uhr morgens. Dann gingen wir in einer Donut-Bäckerei frühstücken, bevor er mich gegen sechs nach Hause brachte.
Die Tür war abgeschlossen, und ich hatte keinen Schlüssel. Also ging ich durch den Garten, wo die Hunde anschlugen, und stieg durchs Küchenfenster ein. Dort warf ich ein paar Töpfe um, fluchte und schlich dann so leise ich konnte in mein Zimmer. Unzweifelhaft Beweise meiner Schuld...

Am nächsten Tag war ich „grounded". Stubenarrest. In meinem ganzen Leben hatte ich noch niemals Stubenarrest. Ich durfte nicht an Dans Geburtstagsfeier teilnehmen und überhaupt die nächsten zwei Wochen nur den Schulweg außer Haus bestreiten. Die einzige Ausnahme war mein täglicher Babysitjob bei Christy, ansonsten war ich angewiesen, das Haus nicht zu verlassen. Ich fühlte mich schlecht. Ich war ernsthaft verliebt und mußte in meinem Zimmer sitzen wie ein Kind, das einen Lutscher gestohlen hatte.
Auf mich wirkte alles wie eine hilflose Überreaktion. Dan beharrte auf seinen Ansichten, als seien sie aus dem staatlichen Handbuch über „die Jugend an sich", als bestünde gar kein Zweifel an unserer naturgemäßen Verantwortungs- und Gewissenlosigkeit. Ich fand, die Beschreibung paßte nicht auf mich, aber die an mir geübte Kritik war nicht konstruktiv und ließ Widerspruch nicht zu. Es war nicht einmal der Versuch gemacht worden, mit mir zu sprechen. Ich hatte nicht gewußt, daß meine Tat hier eine Untat war, aber meine Meinung war nicht gefragt. „Solange du deine Füße unter meinem Tisch hast..." – die Sätze, die so anfingen, schienen fast wie ein nationales Motto. Mit 21 wird dann die große Freiheit eingeläutet, es darf legal Alkohol getrunken werden, und den Eltern wird endlich ungestraft die Zunge rausgestreckt: „Bäääh, jetzt könnt ihr mich!"

Vor dem 21. wird natürlich auch getrunken. Aber man tut es heimlich und lacht sich ins Fäustchen, wie gut man alle gelinkt hat. Einen falschen Paß haben viele, und natürlich ein gebrochenes Selbstbewußtsein, weil es in den Medien, in der Familie – einfach überall bestens vermarktet wird: „Eigentlich bist du ein Verbrecher. Jawohl. Ein lügender, minderjähriger Verbrecher. Du regst dich zwar darüber auf, aber im Grunde hast du es doch verdient, daß deine Eltern dich verknacken, dir grundsätzlich nicht glauben und dich nicht nach deiner Meinung fragen, denn ‚Kinder sind doch alle gleich'".
In meiner Wut erblühten all meine Vorurteile geballt und voller Selbstzufriedenheit, sich endlich bestätigt zu haben. Wenn Dan stur war, so war ich mindestens ebenso stur.

Wenn einem das Eigene besser erscheint,
ist das nicht so schlimm.
Gefährlich wird es, wenn das Eigene
zum einzig Wahren wird.

Valentin Falin
Politische Erinnerungen

Wenn die restriction dazu gedacht war, daß ich mich in meinem Zimmer sitzend eines besseren besonn, so hat sie ihren Dienst getan. In der nächsten Zeit entwarf ich einen Plan zur optimalen Konfliktvermeidung. Ich überdachte noch einmal alles, was in diesen Wochen zu Schelte und Streit geführt hatte.
Ich hatte das Gefühl, wir könnten die Spielregeln des anderen nicht verstehen und einhalten, solange wir nicht im gleichen Spiel waren. ICH war nach Amerika gekommen. ICH hatte hier mitspielen wollen, so war es und nicht umgekehrt.

Ich entschuldigte mich also bei Dan und Lark, denn sie hatten recht. Die vorgegebene Zeit war zwölf Uhr. Eindeutig. Daß ich mich genau daran hätte halten müssen, wußte ich zwar nicht, aber Unwissenheit ist keine Entschuldigung. Ist es nie. Sie hatten wach und wartend im Bett gelegen und sich Sorgen gemacht. Von mir wurde Korrektheit in allen vereinbarten Dingen erwartet. Schließlich hatten Lark und Dan keine Ahnung, was sie von mir zu erwarten hatten. Würde ich jede Woche mit einem neuen Freund antanzen? Würde ich Drogen nehmen, abhauen, vergewaltigt werden? So viel konnte passieren. Ich hätte besser nachdenken sollen.

Fortan kündigte ich unvermeidbare Verspätungen telefonisch an, und zwar bei Lark und Dan persönlich, da ich bei Jason davon ausgehen konnte, daß er Mitteilungen nur manchmal, sprich wenn er gut drauf war, weiterleitete. Des weiteren ließ ich Jungen und Männer nur noch ins Haus, wenn noch jemand außer uns dort war. Nur wenn ich gar nicht anders konnte, nahm ich sie mit auf mein Zimmer, schloß aber niemals die Tür. Sie stand weit auf und war nur in Ausnahmefällen angelehnt, damit Dan nicht mehr sagen brauchte, sein Haus sei kein „verdammtes Motel“. Nach Einbruch der Dämmerung machte ich sämtliche Lichter an, und verließ oft von der Hacke bis zur Backe in Kleider verpackt das Zimmer mit dem Jungen, um einmal in die Küche zu gehen, damit alle sahen, daß ich „decent“ bzw. anständig war. Gute Vorwände für diese Auftritte waren das Holen von Getränken, oder das Stellen irgendwelcher banalen Fragen nach der Uhrzeit oder Marcias Telefonnummer. Es ging nur darum, gesehen zu werden. Langsam begriff ich, wovor Dan Angst hatte. Mit großem Stolz, den auch ich bald annahm, trug er den historisch bedeutsamen Namen seines Vorfahren General Sam Houston. Er hätte alles daran gesetzt, daß ich mit leichtsinnigen „Affären“ keine Schande über das Haus brächte. Lark machte sich wahrscheinlich eher um Bonnie Sorgen, für die ich ein Vorbild war: „Nein, ich mache mein Bett heute nicht. Heike macht auch nie ihr Bett.“ Ich machte also fortan jeden Tag mein Bett.

Außerdem hatte Jason sich beschwert, ich würde nie den Abwasch machen. Es war eine falsche Behauptung, und ich umgekehrt war überzeugt, daß ER nie den Abwasch machte. Aber darum ging es nicht. Mich um seine Lebenshaltung zu kümmern, lag nicht in meinem Interesse, solange er mich nicht störte. Zu Vorhaltungen über mich wollte ich jedoch in Zukunft keinen Anlaß mehr geben. Wenn ich abends oft als letzte ins Bett ging, war mein letzter Gang mit immer größerer Regelmäßigkeit der in die Küche. Ich habe zu keiner Zeit darauf aufmerksam gemacht. Aber wenn kein Abwasch da war, konnte Jason auch nicht gebeten werden, ihn zu machen. Sein Mißmut über diese fiese Tätigkeit konnte sich infolgedessen auch nicht mehr an mir abladen. Mehr hatte ich nicht gewollt.

Die grundlegendste Veränderung war aber, daß ich mir ein Herz nahm, und aufkommende Probleme eigenständig mit den Betroffenen löste. Mein erster Weg – oder Ausweg – war oft zu Marcia gewesen. Sie war die Anlaufstelle für alle Probleme, und sie kannte die gesamte Situation. Das weckte „zu Hause“ das Gefühl, daß ich die Familie schlecht machte. Der Gipfel der Problemumgehung war Larks Anruf bei meiner Mutter in Deutschland. Die bei der Organisation und meiner Familie daraus entstandene Lawine aus Sorgen, Gerüchten und Aktionen entlud sich erst circa zwei Wochen später auf uns, als der ganze Konflikt sich längst in Wohlgefallen aufgelöst hatte. Warum hatte Lark nicht mich gefragt? Warum hatte sie nicht mir gesagt, hör zu Heike, das und das stinkt mir, laß uns darüber reden. Hier lag unsere größte Schwäche. Wir mußten mehr miteinander reden. Und zwar auch über unangenehme Dinge.

Gesagt getan. Vielleicht mußte ja erst die Bombe einschlagen, bevor ich die Dinge klarer sehen konnte. Jedenfalls begann an den alten Mauern der Putz zu bröckeln. Ich war die ersten drei Monate fest überzeugt gewesen, ich sei die perfekte Tochter (und vielleicht dachten Dan und Lark, sie seien die perfekten Eltern). Sicher wären wir es gewesen unter perfekten Umständen. Jetzt war ich umsichtiger geworden im Umgang mit unseren Fehlbarkeiten und Unterschieden. Vor allem legte ich endlich die „deutsche Heike“ ab. In Deutschland war nicht alles besser, es war nur alles anders. Jede Situation war besonders. Ein Vergleich war vollkommen unangebracht und immer eine Provokation für den beleidigten Gastgeber. Ich ersparte uns allen die nervigen „Das haben wir in Deutschland auch (und womöglich besser)“-Sätze.

Die von beiden Seiten hart erkämpfte Verständigung ebnete nun den Weg in einen neuen Abschnitt meines Austauschs. Nach und nach wurden die Zügel spürbar gelockert, und unsere Sympathie- und Vertrauenskurven stiegen unaufhaltsam.

Sechstes Kapitel

Weihnachten

... wir machten Bescherung in unseren Pyjamas...

Zu Weihnachten veranstalteten wir eine große Party, ein open house, zu dem auch ich meine Freunde einladen durfte. Ich ging den ganzen Abend mit einer Videokamera im Haus herum und filmte die Leute beim Billardspielen, oder wenn sie mit ihren Getränken um unseren etwa zwei Meter hohen Weihnachtsbaum herumstanden.
Den Baum hatten wir nicht nur sehr aufwendig selbst geschmückt, sondern auch auf einer Farm für Weihnachtsbäume selbst ausgesucht. Es war schon verrückt, im T-Shirt bei 26 Grad Celsius den staubigen Pfad bis zu der Farm entlangzureiten, wo noch etliche andere Leute mit ihren Pferden zwischen den Bäumen herumritten, um den schönsten für sich zu markieren.
Ich stellte mir vor, ich würde in Aachen auf meinem Gaul zum Baumverkäufer kommen, Sonnenbrille, Western-Hut und Westernstiefel, und mein Pferd an einem Pfahl festmachen so wie man es in Filmen immer vor den Saloons sieht und sagen „Hi. Ich checke mal ihre Bäume." ...

Christmette und eine besondere Bescherung

Trotz der widrigen Umstände waren auch Tom und ich zu Weihnachten bereits unzertrennlich. Er hatte mich am Tag meiner Entlassung aus der restriction zu einem Ausflug eingeladen. Für diesen Tag hatte Lark mich eingekleidet. Ich war am Abend zuvor schon an meiner Garderobe verzweifelt, hatte sämtliche Kleidungsstücke miteinander kombiniert, sie an- und wieder ausgezogen, bis Lark mich bei der Hand nahm und in die Zauberkiste ihres begehbaren Schranks führte. Sie kleidete mich in einen dunklen Glockenrock, darauf ein dunkelgrüner Rollkragenpullover, und am Ende steckte sie mir noch einen ihrer Ringe an den Finger. Kurz bevor Tom mich am nächsten Tag abholte, bürstete und frisierte sie mein damals hüftlanges Haar.

Am 24. Dezember gingen wir abends mit der Familie in die Mitternachtsmesse einer sehr kleinen Kirche. Es wurde selbstgebackenes

Brot gebrochen und Wein getrunken. Als wir Weihnachtslieder sangen, kamen mir die Tränen. Ich mußte daran denken, wie schön meine Mutter singt, und wie sie mit uns Kindern früher gebastelt hat, bis der Baum voll behangen war mit dem buntesten und verrücktesten Zeug. Lark, die neben mir saß, nahm meine Hand und hielt sie die ganze Messe hindurch fest. Damit hat sie mich gerettet. Sonst wäre ich wahrscheinlich vor lauter Rührung in meinen Tränen ertrunken. Ich rief zu Hause an, um alles Gute zu wünschen, und erfuhr, daß mein Bruder Nils von meinen Eltern ein Flugticket geschenkt bekommen hatte. Im Mai würde er kommen und mich besuchen.

Am Morgen des 25. kam Bonnie alle wecken, und wir machten Bescherung in unseren Pyjamas. Ich bekam Gutscheine für meine Lieblings-Hamburger, ein Sweatshirt, einen Teddybär, einen Rucksack und – sicher das größte Geschenk – ich bekam endlich einen Platz in der Familie.

Der Canyon-Schocker

Auf die Konfrontation mit Drogen war ich vorbereitet. Vielleicht waren nicht nur Überzeugung, sondern auch Bitterkeit und ganz egoistische Angst die Gründe, warum ich eine kompromißlose Gegnerin des Drogenmißbrauchs war. Ich wollte mich nicht der Gefahr aussetzen, von einem womöglich guten Menschen angemacht und mißbraucht zu werden, nur weil er die Kontrolle über seine sieben Sinne verloren hatte. Ich wollte nicht bedroht werden, und ich wollte nicht in einen Unfall verwickelt werden mit einem Betrunkenen am Steuer. Was ich als kleines Mädchen abzuwehren nicht verstanden hatte, war zum absoluten NEIN geworden, das ich bis aufs Blut verteidigt hätte.
Ausgerechnet in einer Situation, in der ich mich total in Sicherheit fühlte, hatte dann doch jemand einen Joint dabei. Wir waren mit fünf

Leuten in den Canyon gegangen. Es war ein fantastischer Tag. Die Sonne brannte vom Himmel, aber im Schatten der Bäume in den Bergschluchten war es angenehm kühl. Je höher wir kletterten, desto mehr Wasser war im Fluß und erste kleine Wasserfälle erschwerten den Weg. Bald blieb uns nichts anderes übrig, als mit den Rucksäcken über unseren Köpfen durch das eiskalte Wasser zu schwimmen und an den Felsen hoch ins nächste Becken zu klettern. Einige Stellen waren so schmal, daß wir uns mit den Beinen rechts und links abstützen mußten und uns nur wenige Zentimeter über dem reißenden Wasser an Seilen hochhangelten.

Wir vergaßen die Zeit und lachten und zogen einander an den Handgelenken Stück für Stück weiter hoch in die Berge. Wahrscheinlich gehörte es für einige zur Vervollkommnung des Wohlgefühls dazu, ich weiß es nicht und habe nie gefragt, jedenfalls machten wir eine Pause und zwei der Jungen drehten sich einen Joint. Ich stand etwa drei Meter über ihren Köpfen auf einem perfekt runden Felsen. Mein T-Shirt lag über meiner Schulter, die Shorts, der Badeanzug und die Sportschuhe trieften im Wasser. Ich stützte die Hände in die Hüften und rief: „Was tut ihr?“ Meine Stimme hallte wider. „Was zur Hölle tut ihr da?“ Ich brüllte noch ein bißchen rum, packte dann meine Sachen und kletterte zurück in den Wasserfall und runter ins nächste Becken.

Sich aus den Augen zu verlieren, war kein großer Akt, aber alleine nach Hause zu kommen, war nahezu unmöglich. Ich hätte mir alle Knochen brechen können. Außerdem waren wir weiter unten im Tal ein paar Leuten begegnet. Einer davon hatte uns stolz seine geladene Pistole präsentiert. Während er sprach, wippte die Kippe, die in seinem Mundwinkel klemmte. Ich wollte ihm nicht wieder begegnen, also wagte ich den Aufstieg an der Seite des Canyons.

Ich wußte, es führte eine „dirt road“ in die Berge, und war sicher, ich müßte diese Straße irgendwann erreichen, wenn ich weit genug hochkletterte. Ich hatte meine Kraft überschätzt. Ein paar Male brachen unter mir Steine los und ich rutschte in die Tiefe, nur an der Wurzel eines Strauchs Halt findend. Als ich tatsächlich die Straße erreichte,

war mein T-Shirt schweißdurchtränkt und meine Schuhe und Socken schwarz vor Dreck. In meinen Händen waren Splitter, meine Knie waren aufgeschürft. Zitternd setzte ich mich an den Straßenrand mit dem Rücken zum Canyon, der sich in schwindelerregende Tiefen hinter mir auftat.
Den Truck, der die Straße entlang kam, hörte ich lange bevor ich ihn sah. Es war ein Ehepaar mit zwei kleinen Kindern, die mit einem Wüstendreirad zu einem See in die Berge gefahren waren. Ich hielt den Wagen an und schilderte kurz meine Situation. Ich durfte mich in das offene Hinterteil des Wagens schwingen. Aus dem offenen Heckfenster guckte der Kopf des kleinen Mädchens heraus. „Are you o. k.?“ Ich nickte. „Yeah. I'm alive.“ Die Leute, die mich mitgenommen hatten, waren die Familie Braunwalder. Wahrscheinlich hätten meine schmerzenden Knie mich noch bis in den Ort getragen, vielleicht hätte ich zur Not am Straßenrand schlafend die Nacht verbringen können, aber ich habe mich angefreundet mit dem Gedanken, daß die Braunwalders mir das Leben gerettet haben. Sie brachten mich heim und drückten mir eine Karte mit ihrer Telefonnummer in die Hand. „Wenn du Hilfe brauchst, ruf uns an!“

Jason hatte Besuch, sonst war niemand da. Er kam zu mir in mein Zimmer und blieb eine halbe Stunde bei mir, in der ich ihm alles erzählte. Am Ende nahm er mich in die Arme und hielt mich ganz lange fest. Wir hatten noch nie ernsthaft miteinander geredet. Eigentlich hatten wir überhaupt nicht miteinander geredet. Die einzigen Blicke, die er mir zuwarf, sagten „damn you, Heike“, und ich warf Blicke zurück die sagten „and damn you too, Jason“. In Wirklichkeit gab es aber keinen Grund, warum wir streiten sollten oder uns nicht gar mögen könnten. Ich merkte es in diesem Moment. Jason hatte einen anderen Begriff von Zuverlässigkeit als ich. Er trank viel und rauchte. Später ließ er sich den Arm tätowieren und sah mit seinem „Goatee“-Spitzbart aus wie ein Killer. Er kriegte den Hintern nicht aus seinem Fernsehsessel, aber irgendwo in ihm brannte ein Licht, das heller schien als die Sonne. Ich habe es ein paarmal gesehen. Einmal kam er mitten in der Nacht in mein Zimmer, als ich bereits im Bett lag. Ich schaute noch meine Homecoming Fotos an, und er kam zu mir, setzte sich und beugte sich mit roten Augen über das Bild von mir und Marcus. Er sagte: „That's pretty damn cute!" Ziemlich süß. Ich sagte what's up und er meinte nothing, er wollte mich nur mal sehen. Dann sagte er „Gute Nacht" und ging.

Er kriegte den Hintern nicht aus seinem Fernsehsessel, aber irgendwo in ihm brannte ein Licht, das heller schien als die Sonne.

Ich glaube das!

Ich will sagen, was ich zum Thema Drogen denke. Abgesehen davon, daß ich überzeugt bin, man sollte sich an die Spielregeln halten, die man mit der Austauschorganisation vereinbart hat, gebe ich jedoch

keinen Ratschlag. Nicht einmal einen versteckten Tip. Wir lernen eh (ausschließlich) das, was wir lernen wollen.
Alles wäre gleich gut oder schlecht, wenn ich alleine auf der Welt wäre, weil es keine Maßstäbe gäbe, an denen ich mein Tun messen könnte. Ich bin aber nicht allein. Für alles, was ich berühre, trage ich die Verantwortung.
Ich kannte jemand mit einer ganz schlauen Theorie: Er fand, er berührte niemanden, wenn er ausschließlich in seinen vier Wänden hinter verschlossenen Türen sein Hasch rauchte. Doch beginnt und endet die Kette der Konsequenzen mit dem Kauf und Konsum der Droge? Wen hat er da bezahlt, und was macht der mit dem Geld? Wer kriegt die Kugel, wenn er nicht bezahlen kann? Die Kette endet nicht dort, wo wir die Augen zumachen.
Besonders junge Menschen sind gruppenorientiert. In Gruppen gibt es häufig Leitbilder, Helden, führende Personen. Den einen bewundert man, weil er besonders gut Fußball spielt, ein anderer kann ausgezeichnet zuhören. Auf der Suche nach einer Lebensart, die mich zufriedenstellt und meine Bedürfnisse erfüllt, habe ich mich oft an großartigen Menschen orientiert und versucht, von ihnen zu lernen.

Ich habe viele Leute gesehen, die es ähnlich gemacht haben, auch wenn sie in andere Richtungen gingen, andere Bedürfnisse zu befriedigen hatten. Was in meinem Leben der Wunsch war, unabhängig zu sein, war vielleicht bei jemand anders der Wunsch nach Anerkennung in einer Gruppe: „Wenn die Hengste in meiner Clique cool sind, weil sie Drogen nehmen – und wer am meisten vertragen kann, ist am coolsten – dann tue ich es auch, weil ich dazugehören will.“
Peer Pressure nenne ich das, den Druck, den die Peers, die Kameraden ausüben. Nehmen wir mal Jason. Er sagte mir, er habe alles unter Kontrolle. Er tut, was er will und bittet niemand, es ihm nachzumachen. Ich glaube ihm sogar. „Life on the edge“ funktioniert fantastisch für ihn. Er ist stark, er reizt seine Möglichkeiten bis kurz vor den Tod aus, und dennoch bin ich sicher, er wird keinen Drogentod sterben.

Diese Stärke ist sehr attraktiv. Er ist ein „stand up comedian“, ein Freizeitclown, der bei Parties im Alleingang die Show schmeißt. Alle Augen richten sich auf ihn, und die Ohren werden gespitzt, wenn er aus seinem Stimmenrepertoire den Texaner zückt oder den französischen Kellner: Aus seiner Kehle kommt dann ein Geräusch, das klingt, als hätte er einen Korken gezogen. Gluckernd und glucksend läuft der imaginäre Wein in ein imaginäres Glas, und alle biegen sich vor Lachen. Er ist ein Schauspieler mit tausend Charakteren in petto, ohne sich für einen bestimmten dauerhaft zu entschließen. Er ist der Mann der minutenlang auf seinen Händen gehen kann, und dessen Name allen Mädchen in meiner High School geläufig war. Wenn sie mich fragten, bei welcher Familie ich wohnte, und ich sagte den Nachnamen, dann sanken die Augenlieder auf Halbmast und dahinschmelzend säuselten sie: „Oh, du wohnst bei Jason?“
Er war einfach ein Held, und wenn er die Party verließ, gab es wenigstens einen Bubi, der versuchte, ihn zu imitieren. Komisch sein, das kann ich auch, dachte der Bubi sich, und bei dem Versuch sich einen Cocktail nach dem anderen reinzuziehen, so wie Jason es tat, ohne mit der Wimper zu zucken, endete er dann speiend auf dem Teppichboden eines fremden Wohnzimmers.

To the art of being cool –
If you try too hard,
you get it hard
and hardly get it.

Konstantine Theoharis

Two sides to every story

Auch ich bin mehr als einmal ungewollt zum Vorbild für andere geworden. Ich war anders. Durch meine Herkunft und Mentalität war ich oft Blickfang und neugierig beobachteter Mittelpunkt. Das lag auf der Hand, und ich konnte mich dem oft nur durch Schweigen entziehen, oder durch schlichtes Nichterscheinen. Aber Sheresa Braunwalder hatte mich gesehen. Ihr kleiner Kopf hatte im Rückfenster gelegen und mich angeschaut, mich, die Fremde, die hinten im Truck saß und ihr Leben aufs Spiel gesetzt hatte, um zu ihrem Credo zu stehen. Koste es, was es wolle.
Braunwalders wurden gute Freunde, die ich sehr häufig besuchte, und Sheresa schaute immer zu mir auf, wie zu einer Ritterin, und sagte, sie würde so stark sein wie ich. Ich versuchte ihr zu erklären, daß meine plötzliche Flucht aus dem Canyon gar nicht so astrein gewesen war. Meine verdutzten Begleiter hatten nach langem Warten auf meine Rückkehr begonnen, mich zu suchen. Sie wußten, den Weg, den wir gekommen waren, konnte ich nur schwer alleine bewältigen. Sie hatten sich wirklich Sorgen gemacht.
Daß ich es verantwortungslos fand, sich dort oben in den Bergen die Sinne zu benebeln, war allein meine Meinung. Sie fanden mein Wegrennen verantwortungslos. Daß das Gesetz auf meiner Seite war, bedeutete noch lange nicht, daß alle Menschen damit einverstanden waren, oder damit einverstanden sein mußten. Auch die Legislative war eine Gruppe von unvollkommenen Leuten, deren scheinbar ungerechtfertigte Beschlüsse viele Menschen als Belastung empfanden. Ich hatte auch keine Antwort für Sheresa, wenn sie mich nach allgemeinen Werten fragte. Was sind sie nun, Drogen? Sind sie gut, oder sind sie schlecht? Vielleicht wäre es gar nicht so klug, die Benutzung sogenannter „leichter“ Drogen weiterhin zu verbieten.

Die Antworten auf Sheresas Fragen hatte nur Sheresa.

Grenzen: selbsterschaffene – unüberwindbare

Für mich war es wichtig, Grenzen zu definieren, und eine Entscheidung über den Umgang mit Drogen zu treffen, die ich während des Jahres konsequent ausleben konnte. Auf etwa 90 Prozent der Parties von denen ich wußte, wurde bis zur Ohnmacht Alkohol getrunken, und irgendjemand teilte immer bereitwillig seinen Joint.
Ich verließ alle Parties, sobald ich den Geruch von „Pot" wahrnahm, und der war nicht zu verkennen. Ich ging einfach. Immer. Es fiel mir nicht schwer, weil in mir eine Art Kraft war, die mich von diesen Menschen abstieß wie zwei Positivpole eines Magneten sich abstoßen. Mir war der Abend damit verdorben. Wenn es irgendjemand geholfen hätte, dann wäre ich sicher die erste gewesen, die die Polizei angerufen hätte, um die Party zu beenden. Es war nicht schwer unter den Konsumenten die Dealer zu erkennen. Ich glaube, es war die Ungerechtigkeit, die mich am meisten störte Drogenabhängigkeit ist ein Schlachtfeld. Ich habe Menschen den Kampf darauf verlieren sehen. Und es war zum Verzweifeln.
Die Heimwege von diesen Feiern verbrachte ich schweigend. Meistens mit einem Gefühl der Ohnmacht. So, als würde jemand meine Kehle zuschnüren. Ich ging in den dunklen Stall von Chief, setzte mich in die Späne und legte meinen Kopf auf den warmen Hals des liegenden Pferdes. Oft kam Bear, unsere schwarze Hündin unter den Stangen durch in den Stall und legte sich an meinen Bauch. „Na, Bearchen? Komm her, du." Ich kraulte ihr das Fell und redete mit ihr. „Mein schönes, schönes Mädchen", sagte ich und deckte ihre Hundeaugen mit den langen Ohren zu. „Damit du nicht zu eingebildet wirst, bei deinem wunderschönen Anblick".
Vielleicht war das alles aber gar nicht so wichtig. Drogen oder nicht Drogen. Diese Dinge lagen doch irgendwo in meinem eigenen Ermessen. Ich hatte die Power, darüber zu entscheiden und sogar, sie zu ändern. Es ist zumindest ein Potential, mit dem ich ausgestattet bin, auch wenn ich behaupte, ich könnte nichts tun. Tatsächlich sind es aber andere Dinge, an denen ich nichts ändern kann.

Daß ich nicht allmächtig war, störte mich nicht. Es war mehr, daß es keine Regeln gab, die die unüberwindbaren Grenzen definiert hätten, an die ich mich hätte halten können, um etwas zu verhindern. Eines Tages lief Bear auf die Straße und wurde überfahren. Ich war nicht dabei. Bonnie hatte es gesehen. Sie ist hingelaufen und hat geschrien, und Bear hat noch einmal aufgeschaut und ist dann in ihren Armen gestorben. Als Lark es mir am Telefon sagte, habe ich sehr geweint. Ich glaube, ich hatte gedacht, sie würde immer leben. Wer würde sich denn jetzt an meinem Bauch einrollen? Wer würde mich zum Cliff begleiten? Wer würde seine Pfoten auf die Lehne der Gartenbank stellen und seine Nase gegen das Fliegennetz meines offenen Fensters drücken?

TEIL DREI

...und die zweite Hälfte des Jahres

Wann liest der Falter,
was auf seinen Flügeln im Flug
geschrieben steht?

Pablo Neruda
Buch der Fragen

Siebtes Kapitel

Hasta la vista

Es war ein herrlicher Tag ohne Verpflichtungen oder Arbeit, und ich schwang mich auf Zee, um einen Ausritt zu machen. Ich hatte mein weitestes T-Shirt an, damit ich für den Orangenhain gerüstet war. Dort angekommen, schritt Zee gemächlich zwischen den schattenspendenden Bäumen herum, während ich im Schneidersitz auf seinem Rücken saß und Orangen pflückte, die ich in meinem ausgeleierten Shirt sammelte. Während ich die Früchte schälte und Stück für Stück in meinem Mund verschwinden ließ, sang ich „Somewhere over the Rainbow".

Schließlich kamen wir auf der anderen Seite des Hains wieder heraus und kehrten gallopierend nach Hause zurück. Ich machte noch einen Abstecher in den Canyon, wo Zee seine Beine im Wasser des von der Schneeschmelze breiten Flusses kühlen konnte. Ich genoß derweil die Sonne, die mir im Laufe der Monate die Haut dunkelbraun gefärbt hatte. Zu Hause wusch ich meine Haare und zog, an den Ausflug mit meinem Freund im späteren Nachmittag denkend, ein weiß-grünes Sommerkleid an.

Lark kam zu mir und sagte, jemand wolle mich kennenlernen. Ein etwa 40jähriger Häuser-Kunde hatte von mir gehört und darum gebeten, mich kennenzulernen. Sie hatte wohl gerade ein Haus mit ihm besichtigt, und nun saß er bei uns im Wohnzimmer. Ich setzte mich zu ihm, und wir machten ein bißchen small talk. Sein Name war George. Er sah gut aus. Groß, dunkle Haare, ein schmales Gesicht mit Augen die unverschämt und offen meine Konturen abtasteten. Er meinte, er bräuchte jemand zum Ausgehen, und ich sei genau das Richtige. Ich schüttelte den Kopf und sagte, ich hätte einen Freund, doch er winkte ab: „No problem." Damit hatte George überhaupt kein Problem. Er unterstützte es mit einem Augenzwinkern. Seine Einladung war eindeutig. Meine Absage auch. Ich verabschiedete mich und hörte nie wieder etwas von ihm.

Tom holte mich nachmittags ab, und wir fuhren nach Los Angeles, das Opernhaus besichtigen, in dem wir ein paar Tage darauf „Das Phantom der Oper“ ansehen würden. Später gingen wir in Santa Monica am fast menschenleeren Strand spazieren, und schauten aufs Meer.
Ich dachte an George und Männer, die so zu mir waren, wie er. Wenn ich wollte, könnte ich mich tagtäglich ausführen lassen. An jedem Tag der Woche von einem anderen Mann. Und für sie alle wäre Tom „no problem“. Der bräuchte nicht einmal davon zu erfahren. Ich schaute in seine Augen, die sich irgendwo am Horizont im Meer verloren hatten. Von den Wellen reflektierte das Licht der Sonne in sein braungebranntes, wunderschönes Gesicht.
In den gerade gebauten, aber noch leerstehenden und fensterlosen Häusern meiner Straße waren Tom und ich am Abend zuvor herumgegeistert, hatten uns vorgestellt, alles sei eingerichtet. Dort ein Tisch, da ein riesiges Bett, und in unserer Phantasie waren wir beide das Königspaar mit fünf japanisch-deutsch-amerikanischen Kindern, das dort zu wohnen sich die Ehre gab. Ja, so würde es sein. Ich lächelte bei dem Gedanken. Ich hätte mit niemandem getauscht, und mir fehlte nichts. Hasta la vista, George. Kein Bedarf.

Auch das noch...

Mit dem gleichen Rhythmus stand ich am Morgen des 10. Januar wie an allen anderen Wochentagen um 4 Uhr 30 auf und lernte. Gegen 6.30 konnte ich mich mit dem Fahrrad, das Marcia mir für das Jahr ausgeliehen hatte, auf den Weg zur Schule machen. Der Hinweg dauerte nicht länger als 15 Minuten, weil es in rasantem Tempo bergab ging. Ich kam dann rechtzeitig zur Öffnung der Schulbibliothek um kurz vor sieben. Oft machte ich dort meine Hausaufgaben oder lernte für Tests. Aber meistens stöberte ich in den Büchern und versank bis zum Schellen um 7 Uhr 50 in den Welten des Graham Greene, wenn er Fowler in Vietnam den stillen Amerikaner beobachten läßt, oder

ich folgte John Steinbeck zwischen die stinkenden Kisten der Cannery Row.
Später entdeckte ich, daß auch Mike Kellys Tür schon zu früher Stunde aufgeschlossen war, und meine morgendlichen Besuche bei ihm wurden immer häufiger. Er konnte so herrlich Geschichten erzählen. Ich hatte das Gefühl, ich sei mit ihm beim Eierschlürfen auf den Philippinen gewesen, und wenn die Schelle uns jäh zurück in den Alltag holte, war ich verdutzt, in einer Schulbank zu sitzen und nicht in einem verrosteten Kahn im Alptraum des Vietnam-Kriegs.

Am 10. Januar kam ich aber zu spät. Ich war nervös und fühlte mich krank. Ich hetzte um 12 zur Cafeteria, wo ich in der 30minütigen Pause für 3 Dollar 60 die Stunde flüssigen Käse über mexikanische Nachos goß. Kurz vor dem Schellen schlang ich auf dem Weg zum Locker mein eigenes Mittagessen herunter. Nach der Schule fuhr ich immer zu Christy und paßte bis 6 Uhr auf ihre Töchter Randy und Megan auf. Dann erst hatte ich „frei".
An diesem Abend hatte Tom mich zum Essen eingeladen, aber ich hatte keinen Appetit. Mein übernervöser Magen schmerzte. Ich trank nur das obligatorische Glas Leitungswasser, das in amerikanischen Restaurants ohne Kommentar zum Tisch gebracht wird. Tom brachte mich schon gegen 8 wieder nach Hause, weil ich noch lernen mußte. Nachts schlief ich fünf Stunden, und um 4.30 ging das Ganze von vorne los. Ich hatte den Babysitjob angenommen, weil ich mit meinem Taschengeld nicht auskam. Ich war im Dezember nach Cincinatti geflogen, um einen Freund zu besuchen und hatte es fertiggebracht, über 600 Dollar in Kentucky zu verballern. Mit diesen Extravaganzen wollte ich meinen Eltern nicht auf der Tasche liegen. Ich wollte auch unbedingt, daß Nils kam und befürchtete, meine Extras würden als erstes an seinem Flugticket gekürzt. Am nächsten Tag eilte ich von einem Government-Test in ein Spanisch-Multiple-Choice-Quiz und von dort zu den wie immer verstopften Mädchenklos, wo mein brennender Magen sich umstülpte, so daß ich vor Schmerzen fast in mich zusammengesackt wäre.

...Ich wollte nicht zugucken, als Ray ankündigte, am Dienstag würden alle skilaufen gehen. Ich wollte auch.

Zu allem Überfluß hatte ich kurze Zeit später einen Skiunfall. Da verschlug es mir gänzlich den Appetit. Ich hätte das Skilaufen nicht wagen dürfen, ich weiß. Meine Mutter hatte mich noch davor gewarnt, aber es hatte mir so gefehlt. Der gesamte Club International fuhr mit, und in den St. Gabriels lag astreiner Schnee. Aber nach drei komplizierten Knieoperationen zuvor in Deutschland dauerte dieser Skiausflug für mich keine zehn Minuten.
Der immer noch gekonnte Tiefschwung ließ den Schnee hinter mir hochfliegen und in der Sonne blitzen. Den halben Abhang hatte ich mit vor Freude pochendem Herzen zurückgelegt, als mein linkes Knie nachgab. Ich schrie auf und fiel zu Boden. Man mußte mich mit einer Trage von der Piste holen. Tom brachte mich ins Krankenhaus, wo ich, fast ohnmächtig vor Schmerz, auf Marcia mit meinen Versicherungspapieren und auf einen überlasteten Arzt wartete. Bänderriß? Ich schimpfte mit Gott. Du blöder Gott, schimpfte ich, ist das nicht

übers Ziel hinausgeschossen? Die meiste Zeit der Klasse 11 hatte ich im Krankenhaus verbracht. Die letzte Operation war im Juni gewesen, knapp drei Monate vor Antritt meiner Amerikareise. Das größte Geschenk zu meinem 17. Geburtstag war, daß mein Krankengymnast mir nach langer und manchmal zum Verzweifeln harter Arbeit zum zweiten Mal das Gehen beibrachte.
Ich wollte einfach nur wieder normal sein. Ganz normal. So wie andere Kinder wollte ich gedankenlos herumtollen, zur Tanzschule gehen, Wettrennen machen, bis mir die Puste wegblieb. Ich wollte nicht zugucken, als Ray ankündigte, am Dienstag würden alle skilaufen gehen. Ich wollte auch.
Ich rief zu Hause an, bevor die Organisation es tat. Meine Mama rief zurück und sagte: „Wenn du operiert werden mußt, dann mußt du nach Hause kommen.“ Ich saß in meinem Bett mit dem Hörer in der Hand und hörte das Echo ihrer Stimme: ...dann mußt du nach Hause kommen. Ich sah mich wieder in dem riesigen Krankenzimmer in Wuppertal. Ich hörte wieder die fremde Frau, wenn sie nach Einbruch der Dunkelheit anfing zu schreien. Ihr Schrei drang durch die Flure und Türen bis hinein in mein Zimmer, bis in mein Bett, in dem ich reglos lag, unfähig, mich zu bewegen, unfähig, meinen eigenen Schrei in hörbare Laute zu formulieren. „Niemals. Ich komme auf keinen Fall früher zurück“, flüsterte ich in den Hörer, der langsam in meinen Schoß und von dort auf die Gabel sank.
Ich wußte es schon länger, und es hielt mich manchmal nur auf Haaresbreite über Wasser, aber an diesem Tag machte ich es zu meinem Motto: NIEMALS AUFGEBEN.
Positive Lebenseinstellung oder Dauerfrustration, ich hatte die Wahl. Ich entschied mich für ersteres. Ich rupfte ein Hühnchen mit Gott, und nahm dann mein Schicksal in die eigene Hand. Bei so vielen tiefsinnigen Gedanken und einem Leben, geprägt von übernatürlichen Zeichen und Illusionen, kam ich mir sowieso langsam vor, als sei ich im falschen Film. Es mußte etwas Echtes geben. Als erstes mußten die Füße wieder auf den Boden, „sonst wirst du irre“, dachte ich, „und alle um dich rum mit dir“.

Wir machten Krisensitzung in der Familie und beredeten meine Situation. Keiner wollte, daß ich ging. Lark sagte, wir würden eine Möglichkeit finden, mich in Kalifornien behandeln zu lassen. Sie würde ein Gespräch von Mutter zu Mutter führen, damit sich „back home" keiner Sorgen machte. In den nächsten Tagen fiel uns allen ein Stein vom Herzen, als die Untersuchungen ergaben, daß ich keinen Bänderriß hatte. Ich brauchte nicht operiert zu werden. Dan trug mich abends vor den Kamin, wo wir soap operas und comedy shows im Fernsehen anschauten. Lark half mir beim Anziehen und im Bad. Ich würde für einen Monat einen Rollstuhl haben, doch auch daran gewöhnte ich mich. Nachmittags kamen meine Freunde und schoben mich durch die Gegend.
Als ich wieder in die Schule konnte, stieß ich auch dort auf unerwartet viel Hilfsbereitschaft. Ich war erstaunt, wie die Schüler sich selbst organisiert hatten. Was der Staat an sozialen Diensten nicht gewährte, wurde in der Kirche, in Clubs oder Vereinen kompensiert. In jeder Pause waren Assistenten-Schüler zur Stelle und schoben mich zum nächsten Kurs. Sie kamen ungebeten, und sie gingen ohne Erwartungen. Ich stand wahrscheinlich auf irgendeiner Liste, also wurde mir geholfen.
Solche Gruppeneinrichtungen zur gegenseitigen Unterstützung gab es überall. Jeder kannte die Telefonnummern, die junge Leute samstags abends anrufen konnten, damit sie von einer Party abgeholt und vom privat eingerichteten Fahrservice nach Hause gebracht wurden. Busse fuhren praktisch nirgends, und alkoholisiert nicht Auto zu fahren, ist in Amerika das 11. Gebot. Don't drink and drive.
Weil das riesige Land viele Menschen mit ihren Problemen allein läßt, helfen sie sich eben selbst. Aus einem unkontrollierbaren Haufen unbegrenzter Möglichkeiten wächst die Suche nach Halt, nach unerschütterlicher Moral und Regeln für alle Lebenslagen. Ein bißchen Ordnung im Chaos. In ihren klar definierten Gruppen hält sich jeder, der dazu gehört an diese Regeln, und Zusammenhalt ist erster Grundsatz. Team spirit. Schon im Football Team jeder Schule beginnt das. Das größte Team von Leuten ist die Nation Amerika als

Ganzes. Sie kratzen sich die Augen aus und streiten darüber, ob Schwule in die Armee sollen oder nicht, aber in einer Sache sind sie sich fast alle einig: Sie lieben Amerika. Und wenn jemand es wagt, das „Home of the Brave“ und „Land of the Free“ schlecht zu machen, werden alle patriotischen Register gezogen. In politischen Krisenzeiten hißte Dan die amerikanische Flagge vor unserem Haus.

Niemals aufgeben!

Aus dieser Mentalität heraus war es für viele meiner Mitschüler eine Selbstverständlichkeit, mir zu helfen. Mittags kam Tom mich abholen und brachte mich zur Krankengymnastik. Fünf Tage in der Woche verbrachte ich dort den Rest des Schuljahres anderthalb Stunden mit Kim, meiner hawaiianischen Therapeutin. Nach einem Monat stieg ich auf Krücken um und zuletzt auf das eigene Bein, das sicher in einer beweglichen Schiene steckte. Alle Kosten, die in diesem Zusammenhang auftraten, trug die Versicherung, die ich beim Bezahlen der Organisation automatisch abgeschlossen hatte. Einige der Arztbehandlungen bezahlte ich im voraus mit VISA-Karte, erhielt aber nach Einsenden der Belege alles zurück. Wenn ich doch einmal wegen einer Sache unsicher war, rief ich die kostenlose 1-800 Nummer der Organisation an und erhielt Rat und Unterstützung in allen Dingen.

Morgens brachte Lark mich in die Schule. An einem Nachmittag kam sie mich von dort auch wieder abholen, weil Tom nicht konnte. Sie hielt wie immer auf dem Schülerparkplatz direkt vor dem Eingang, wo die Schüler durch das Tor strömten oder noch eine Weile herumstanden, um sich zu unterhalten. Der Rollstuhl war im Kofferraum verklemmt. Ich stand untätig auf einem Bein neben dem Wagen, Lark stand in Jogging-Anzug und blauen Wollsocken vorm Kofferraum und kämpfte mit dem verflixten Stuhl. Schließlich riß sie ihn heraus und brüllte durch halb zugekniffene Lippen „DAMMIT!“, während der Rollstuhl in hohem Bogen über den Parkplatz flog und scheppernd zu Boden fiel. „Yeah. Dammit“, sagte ich und hoppelte zu meinem Untersatz. Er eierte ein bißchen. Schließlich kriegten wir ihn doch noch in den Wagen. Während der Fahrt schwiegen wir uns an.

Ich hatte die Belastung unterschätzt, die das tägliche chauffieren mit sich brachte, und auf einmal bewunderte ich Larks Kraft und ihr Temperament, das selbst mit Lippenzukneifen kaum zu zügeln war. Sie hatte ja so recht. Ich war längst wieder kräftig genug, um selbst mit anzupacken. Aber ich war so mit meinem „ungerechten Schicksalsschlag“ beschäftigt, daß ich mir einbildete, ich bräuchte als

Entschädigung für mein Leid nie wieder einen Finger zu rühren. Ihr Geduldsfaden war an diesem Tag gerissen. „I'm sorry", sagte ich. Lark schaute mich an und nickte: „I'm sorry too."
Wir schoben dann einen unserer „Kick-back-days": In ihrem Schlafzimmer legten wir uns vor den Fernseher, aßen salziges Popcorn und schauten mexikanische Serien. Manchmal setzten wir uns auch auf die Veranda und schauten auf die Berge. Ich ließ mir dann Geschichten über Tenociclan und Xalapa erzählen und über ihre deutschstämmige Mutter, die ihre Familie vor vielen Jahren verlassen hatte, um nach Deutschland zurückzukehren. Lark war von einer russischen Ballett-Tänzerin großgezogen worden. Wenn der Abend hereinbrach, machten wir oft uralte verkratzte Platten mit russischer Musik an, und sie lehrte Dan und mich Volkstänze. Wir legten die Arme auf die Schultern des anderen und drehten uns im Kreise, die Füße kreuzweise hinter- und voreinander setzend.
Oft an Wochenenden kamen auch Marcia und Steve zum Pokern. Auf der Frequenz 95,6 lag KFRG, der Country-Sender. Marcia erteilte mir dann zu dieser Musik Lektionen in texanischem Foxtrott, und wir verwandelten die Küche in einen wilden Tanzsaloon. Dann ging es wieder raus auf die Veranda, und den lieben langen Abend sangen wir Lieder von Ray Charles, die Dan alle auswendig kannte, tranken kalifornischen Weißwein und redeten. Einmal haben Lark und ich fast die ganze Flasche alleine gekillt, während Dan Tom zeigte, wie man Krawatten bindet. Wir waren ganz schön beduselt und haben viel dummes Zeug geredet und Tränen gelacht.

Mardi Gras in Mexico

Daß ich noch im Rollstuhl saß, hinderte uns nicht daran, über die Tage des Mardi Gras – des mexikanischen Karnevals – nach Mexiko zu fahren. Wir waren eine Gruppe von etwa 30 Leuten: meine Family, Marcia und Familie inklusive alle Austauschschüler der Gegend. In den Straßen von Ensenada tanzten die Frauen in Bikinis und

...im Hafen aß ich zum ersten Mal Fischtacos und die köstlichen Tostados mit zum Feuerwerfen scharfer Salsa.

aufwendigen Kostümen, so wie ich es aus Filmen über Karneval in Rio kannte. Überall wurde zu Samba-Rhythmen getanzt, gesungen und getrunken. Es war ein echtes Spektakel, und ich war mittendrin. Marcia schob mich herum und ließ mich frisch zubereitete Margaritas probieren.

Die Japanerin Manami, die mit Katja und Line aus Norwegen losgezogen war, wäre uns beinahe verlorengegangen. Normalerweise hielt sie sich beim Lachen die Hand vor den Mund, aber Line fand sie breit grinsend auf der Straße, wo sie zur lauten Musik inmitten von Mexikanern tanzte. Die meisten von uns hatten über den Durst getrunken. Shane hatte Dauerschluckauf und einige der amerikanischen Kumpels prahlten am nächsten Morgen mit ihren Trinkgeschichten. Der Größte war, wer sich am meisten übergeben hatte. Ich konnte in dieses Rennen nicht mit einsteigen. Mir blieb auch der „hangover", der

Kater erspart, als wir am nächsten Morgen aufwachten. Gemeinsam fuhren wir zu einem entlegenen Strand, wo wir auf der Terrasse eines Restaurants fürstlich frühstückten. Es gab Teller voll mit exotischen Südfrüchten, frisch gepreßten Orangensaft oder riesige Tassen Kakao mit Zimt. Das Omelette war mit Salsa und Pepperoni mexikanisch zubereitet.

Bei einem Spaziergang über den riesigen Fischmarkt im Hafen aß ich zum ersten Mal Fischtacos und die köstlichen Tostados mit zum Flammenwerfen scharfer Salsa. Die Einreise nach Mexico war kein Problem gewesen, aber bei der Ausreise mußten wir an der Grenze mehrere Stunden warten. Überall waren Grenzpatrouillen, alle Übergänge waren schwer bewacht. Aus gutem Grund. Die Zäune waren durchlöchert und Mexikaner liefen mit kleinen Koffern und Bündeln davor auf und ab. Sie warteten auf die Nacht oder einen anderen günstigen Moment, um in das Niemandsland hinter dem Zaun und von dort weiter in die Vereinigten Staaten zu entwischen. In der Ferne konnten sie schon San Diego sehen.

Gemeinsam fuhren wir zu einem entlegenen Strand, wo wir auf der Terrasse eines Restaurants fürstlich frühstückten.

Die meisten dieser Menschen sahen abgerissen aus und verbrachten die Zeit des Wartens damit, an die Scheiben der Autos in der Warteschlange zu klopfen, um Zigaretten und Chicles zu verkaufen.
Je näher wir an die Grenze kamen, um so abenteuerlicher wurden die Verkaufsmethoden und Hunderte von Kindern, Beinlosen, Blinden, Müttern mit Babys, Rollstuhlfahrern oder schuhlosen Greisen kämpften sich auf der vielleicht sechsspurigen Straße zwischen den wartenden Autos hindurch.

...Die Zäune waren durchlöchert, und Mexikaner liefen mit Koffern und Bündeln davor auf und ab. Sie warteten auf die Nacht oder einen anderen günstigen Moment, um in das Niemandsland hinter dem Zaun zu entwischen.

Ein kleiner Junge sprang auf unsere Kühlerhaube und begann mit von Dreck schwarzem Wasser unsere Scheibe zu putzen, und als Dan ihn vertrieb, spuckte er aufs Auto und verschwand fluchend hinter seinen Kollegen, die sich wie eine Mauer vor ihm aufbauten. Ich war unruhig und bemühte mich, in keine dieser verbitterten Augen zu schauen. Ich versteckte meine Kamera, obwohl ich die Szene gerne festgehalten hätte. Wir saßen wie neben einer Bombe, die die Schwelle war zwischen arm und reich, und bei zu viel Vibration zwischen den extremen Polen würde sie uns alle zusammen in die Luft jagen. Ich wollte gerne wissen, was für Menschen das waren, die Decken und Umhänge feil boten.
Ich wollte wissen, was einer Frau passieren muß, damit sie ihr Baby, ihr Fleisch und Blut, provokativ den Blicken der Reichen aussetzt, um mehr Geld zu bekommen. Was muß einer Mutter passieren, damit sie

ihren vielleicht vierjährigen Sohn zwischen diese Autos läßt, wo er mit riesigen von Müdigkeit und Pein schwarz untermalten Augen in die Scheiben guckt und eine Packung Kaugummi hochhält. Ich fühlte mich hilflos und traurig. Wenn ich ihm Geld gab, wer würde es bekommen? Wer würde beim nächsten Mal seinen jüngeren Bruder mitschicken, weil das Konzept erfolgversprechend war? Wenn ich ihm kein Geld gab, würde er heute essen? Würde dieses Kind in einer der Wellblechbuden oder im Rinnstein schlafen? War ich verantwortlich, weil ich bei amerikanischen Firmen kaufte, die in Mexiko zu minimalen Preisen produzieren ließen und das Land bis aufs Gerippe auslaugten?
Ich wußte so wenig über die Hintergründe. Ich hatte sie noch nie gesehen, die Menschen zwischen Ursache und Wirkung. Nils hatte vier Monate lang in Bombay gelebt und dort in Mahim mit obdachlosen Kindern an einem Handwerksprojekt gearbeitet. Mahim, so sagte er mir, das sei ein Slum. Und die Zeit, die er dort verbrachte, so sagte er mir, war hart. Am härtesten. Ein Slum, was ist das? Ich hatte ja keine Ahnung... „Hart“, das ist ein Wort ohne Bedeutung, wenn man nicht das Gefühl kennt, das den Wert des Wortes prägt.
Auf der amerikanischen Seite der Grenze hörten wir das Jaulen unzähliger Polizeisirenen. Ich sah einen Mexikaner rennen und einen anderen am Boden liegen mit dem Knie eines Cops im Rücken, und einem Revolver, dessen Öffnung genau auf seinen Kopf zielte.

Crime and Rock'n'Roll

In Los Angeles ging es nicht weniger rauh zu als an der mexikanischen Staatsgrenze. Wenn wir uns abends in das Zentrum des „Dschungels“ wagten, wie die 14-Millionen-Stadt von ihren Bewohnern genannt wird, wurden wir nicht selten Zeugen von Überfällen und Polizeigroßeinsätzen. Eines Abends hatten wir uns verfahren. Och na ja, dachte ich mir, L. A. ist quadratisch angelegt, und die 17. Straße ist gefolgt von der 18., und wir müssen einfach in der entgegengesetzten Richtung zurück zur 1. Aber Pustekuchen. Wir rutschten von einer Einbahnstraße in die nächste und immer tiefer rein nach Süd L. A. Aus dem Ghettoblaster, den ein junger Mann auf der Schulter trug, tönte ein Rocksong von Nirvana. Auf der gegenüberliegenden Straßenseite stand einer mit einem noch größeren und noch lauteren Ghettoblaster und hörte Rap. Ich drehte mein Fenster hoch. Neben uns an der roten Ampel hielt ein Wagen mit vier Mexikanern. Es war spät am Abend, aber alle trugen Sonnenbrillen. Der Fahrer hatte einen spitzen „Goatee“ Bart. Alle schauten mich an. Langsam wurde mir mulmig. Ich schluckte. Plötzlich hörten wir die Sirenen von Polizeiwagen und neben uns stand ein Officer und brüllte: „Get out of here.“ Das ließen wir uns nicht zweimal sagen. Rote Ampel hin oder her, wir drückten aufs Gas, fuhren von der falschen Seite in die nächste Einbahnstraße rein und machten uns davon.

...Aber Pustekuchen. Wir rutschten von einer Einbahnstraße in die nächste und immer tiefer rein nach Süd L. A. ...

Doch auch in der heilen Vorortswelt geschahen manchmal schreckliche Verbrechen. Wenn ich früher zu Karneval Cowboy war, hatte ich immer zwei schicke Colts. Solche hingen auch an Dans Bettpfosten. Nur seine waren echt. Außerdem waren sie geladen. Er würde jeden erschießen, der seiner Frau oder seinen Kindern Schaden zufügte, sagte er mir. Das war ernst gemeint.

...and Sex

Was wären Crime und Rock'n'Roll ohne Sex? Manchmal ist das alles gar nicht weit auseinander.
Tom und ich, wir waren abends am Cliff und kehrten nach einem ausgiebigen Spaziergang zu seinem Auto zurück. Wir stiegen ein, saßen eine Weile da und redeten. Wir sahen einen Wagen ganz langsam an uns vorbeifahren, achteten aber nicht weiter darauf. Es vergingen noch etwa dreißig Sekunden, da machten Scheinwerfer die Nacht zum Tag, und aus einem Lautsprecher ertönte mit tiefer Stimme: „Roll down your window." Tom ließ sein Fenster runterfahren, denn niemand anders als die Polizei hatte uns beordert. Ein Officer kam ganz langsam auf uns zu. Vielleicht nahm er sich so viel Zeit, weil er dachte, wir seien nicht „decent", und wir würden jetzt in aller Eile unsere T-Shirts wieder anziehen. Bestimmt war er enttäuscht, als er sich herunterbeugte und in den Wagen schaute. Kein klassischer Fall von car sex. Mit meinem Personalausweis konnte ich auch nicht dienen. Schließlich wohnte ich ein Stück die Straße runter.
Ich erhielt dann eine Lektion in amerikanischem Gesetz. Wenn ein Mädchen unter 18 mit einem Mann nach 12 Uhr nachts erwischt wurde, dann hatte die Polizei jedes Recht, den Mann einzubuchten und das Mädchen persönlich zu Hause abzuliefern. Denn das war statutory rape. Unzucht von Minderjährigen. Ich wußte nicht, was ich davon halten sollte. Dem Gesetz nach war ich an diesem Abend eindeutig ein Opfer von rape, ich fühlte mich aber nicht vergewaltigt. Ich hatte auch noch alle Kleider an, und es ging mir gut. Nicht nur im

Club International war dies ein heiß diskutiertes Thema. Wir wurden ständig von der Polizei angehalten, die scheinbar nichts Besseres zu tun hatte, als in Garageneinfahrten zu parken und auf Sittlichkeitsverbrecher zu lauern und auf Autofahrer, die an einer Kreuzung mit Stopschild nicht drei Sekunden lang in vollständigem Stillstand verharrten.

Wir fragten uns, wo die Cops waren, wenn wirklich etwas passierte. Aber während wir nachts auf autoleerer Straße zu kurz am Stopschild warteten und dafür einen saftigen Strafzettel bekamen, schossen sich die Gangs in Chino gegenseitig die Wohnzimmerscheiben ein. Es war wie Sport. Sie saßen in ihren Wagen mit offenen Fenstern und ballerten beim Vorbeifahren in die Häuser. Einmal erwischten sie einen zehnjährigen schwarzen Jungen tödlich, der nachmittags auf der Straße spielte.

Wir konnten dem Polizisten plausibel machen, daß es Zeitverschwendung war, mich wegen Vergewaltigung zu Daddy zu bringen. Jedenfalls ermahnte er uns mit erhobenem Zeigefinger, wir sollten wirklich jetzt nach Hause fahren. Dann zog er mit seinem Kollegen von dannen auf der Suche nach anderen Minderjährigen bei verbotenem Auto-Sex.

No spitting

Ich fand nach meinem Unfall schnell wieder in den Alltag und war bald vom Rollstuhl auf Krücken umgestiegen. Fahrradfahren konnte ich noch nicht, aber der Schulbus hielt direkt bei uns um die Ecke. Wo in Deutschland über dem Fahrer ein Aufkleber hängt mit dem Hinweis, daß Essen im Bus verboten ist, da blickte ich in Amerika auf ein Schild mit der Aufschrift „no spitting". Nicht spucken. Geholfen hat es nichts. Die Kids haben trotzdem gespuckt. Das wußte ich dann, als ein Mädchen hinter mir auf Hochfrequenz anfing zu kreischen, so daß ich dachte, meine Ohren fliegen weg. Als ich mich umdrehte, sah ich hinter mir ein knallrotes Gesicht mit zugekniffenen Augen, und

aus dem weit aufgerissenen Mund jaulte es immer wieder: „HEEE SPIIIIT AAAT MEEEE, HEEE SPIIIIT AAAT MEEEE!“ Ich drehte mich wieder nach vorne und dachte, au weia, dich hätte ich auch angespuckt...
In der Schule ging alles seinen normalen Gang. Ich hatte keine Angst vor Routine, und begann die Zeit immer mehr zu genießen. Jetzt wo ich arbeitsunfähig war, brauchte ich mich nur damit beschäftigen, wieder gesund zu werden. Ich ging jeden Tag zur Gymnastik und machte „girl's talk“ mit Kim, meiner Krankengymnastin. Während ich mein Knie streckte und beugte und drehte und streckte tauschten wir den neuesten Klatsch und Tratsch aus. Wenn sie gut drauf war, gab sie mir noch eine Massage, bevor ich ans elektrisch betriebene Fahrrad oder an eins der anderen Geräte in dem fantastisch ausgestatteten Therapie-Studio ging.
Ich war die erste, die nach Kims Rückkehr aus Las Vegas die große, streng geheime Neuigkeit erfuhr: Sie versuchte ihr breites Grinsen zu verbergen, indem sie sich auf die Unterlippe biß, dann flüsterte sie mir ins Ohr „I got married.“ – „What?“ Sie hatte tatsächlich geheiratet. Kim war wirklich das hübscheste und netteste Mädchen, das man sich denken kann, und ich wußte, sie war halsüberkopf verliebt in einen Mann, den sie wegen ihrer hawaiianischen Familientraditionen nicht heiraten sollte. Ihr Vater hatte großen Terz gemacht. Thank God, nun hatte die Liebe doch gesiegt. Sie legte den Zeigefinger auf den Mund und den Rest des Tages warfen wir uns vielsagende Blicke zu.

Rosen wie Melonen

Draußen roch es nach Frühling. Richtig kalt war es nicht gewesen, aber ich spürte dennoch den Wechsel der Jahreszeiten. Jetzt begann alles zu blühen, und die Tage waren klar und wenig versmogt. Manchmal war morgens das gesamte Tal zu überschauen, bevor es im Laufe des Tages im weiß-gelben Dunst verschwand. Endlich regnete es auf das ausgedörrte L. A., und ich stand barfuß auf der heißen, dampfenden Straße und fing Regentropfen mit meiner herausgestreckten Zunge.

Auch der Garten meiner Tante Mathilde blühte. Kurz vor dem zweiten Weltkrieg ist sie aus Deutschland ausgewandert und lebt heute in einem kleinen Haus in Venice. Sie ist Malerin und schreibt Gedichte. Ihr Haus war für mich wie eine Insel des Friedens und des Glücks, auf der sich jeder Mensch geborgen fühlte, der von meiner warmherzigen Tante dort empfangen wurde. Ihre zahllosen Ölgemälde ließen kaum einen Zentimeter weiße Wand hindurchscheinen, und ein paar waren in großen Ausstellungen. Für ein Bild, das im Rathaus von Los Angeles ausgestellt wurde, hatte der Bürgermeister ihr eine Urkunde verliehen.
Wann immer ich zu Besuch kam, sorgte sie für Tee und Strudel, und dann saß man in ihrer guten Stube und hörte Lieder von Peter Alexander. Zur vollen Stunde spielte die uralte Standuhr die Melodie des Londoner Big Ben. Seit dem letzten Erdbeben hatte sie jedoch einen Sprung. Sie zu reparieren, war mühselig, denn es verging nie viel Zeit bis zum nächsten kleinen Beben. In den Schränken wackelten kurz die Tassen und Big Ben war wieder hin.
Unsere Gespräche waren immer ein bunter Haufen aus englischen und deutschen Wörtern. Aus jeder Sprache das Wort, das am besten paßte. Sie würde etwa einen Satz sagen wie: „No, das kann man so easy nicht malen. Und ich habe auch nie made up für die Lektionen that I missed." Und ich würde sagen „Achso. I can tell." Und spätestens nach two minutes war es das Natürlichste von der Welt. Wir waren fluent in beiden Sprachen, und each one hatte ihre Vor- und Nachteile.
Das tollste war aber ihr Garten, dort blühten unter dem Orangenbaum Rosen, die so groß waren wie Melonen, und wer genau darauf achtet, kann in ganz Venice Tante Mathildes Rosen riechen. Na ja, ich konnte das zumindest. Als ich einmal mit Lark zu ihr fuhr, sagte sie auf der Heimfahrt „She is a real lady." Ich nickte.

Sie ist Malerin und schreibt Gedichte. Ihr Haus war für mich wie eine Insel des Friedens und des Glücks, auf der sich jeder Mensch geborgen fühlte, der von meiner warmherzigen Tante dort empfangen wurde.

Holocaust

In meiner Hand lag ein winziger Zettel, auf dem ich eine Minute vor dem Geschichtstest zehn Daten aufgeschrieben hatte. Ich hatte keine Zeit mehr gehabt, sie mir einzuprägen. Es handelte sich um einen „extra credit“ Test, den Schüler vor der Schule machen konnten, um ihren Notenschnitt zu verbessern, wenn sie auf der Kippe zu einer schlechteren Note waren. Normalerweise genügte es, regelmäßig anwesend zu sein, und immer die Hausaufgaben einzureichen. Die mündliche Mitarbeit fiel nicht so sehr ins Gewicht. In Englisch diskutierten wir zwar viel, aber die Endnote wurde zu 75 Prozent aus schriftlicher Arbeit zusammengesetzt.
Ich war an diesem Morgen die einzige Schülerin im Raum. Schummeln, das war für mich keine große Neuheit. Im Gegenteil: Ich würde sagen, ich war ein Profi. In Latein hatte ich ganze Arbeiten vom Klassenbesten übernommen. In Englisch hatte ich dafür meine eigene Arbeit aus der Hand gegeben. Es war eine Selbstverständlichkeit, und im Laufe der Jahre hatten wir alle gängigen Tricks so intus, daß wir für jede Test- und Aufsichtsituation die geeignete Methode parat hatten. Ein schlechtes Gewissen hatte ich nie.
Doch hier war das anders. Ich hätte es auch gar nicht nötig gehabt zu pfuschen. Gerade solche Tests waren für mich eine Spielerei. Die Namen und Vornamen der 42 Präsidenten, die Daten ihrer Amtszeit auf Jahr und Tag konnte ich regelrecht scannen und auf dem leeren Blatt niederschreiben, ohne einen besonderen Gedanken daran zu verschwenden. Das gleiche mit Telefonnummern, Nummernschildern, Dialogen. Der Schlüssel zu meinem Erinnerungsvermögen war ein klarer Kopf und Konzentration. Jedenfalls konnte ich Mike Kelly schon beim Reinkommen nicht in die Augen schauen – und das nachdem ich so oft kaltblütig gemogelt hatte – ich verstand mich selbst nicht mehr. Dann stand er plötzlich vor mir, mein Lieblingslehrer, mein Vorbild an Fairnis und Gerechtigkeit, sah mich an und sagte: „Heike. Show me your hand please.“ Als ich die Hand öffnete schaute er nicht einmal auf den Zettel darin. Er blickte nur schweigend in

meine Augen. Ich hatte ihn enttäuscht. Wir hatten uns vertraut. Monatelang. Und jetzt hatte ich die Stirn, ihn zu belügen. Ich wünschte mir, es würde sich unter mir ein Loch auftun, und es würde mich mitsamt dem Tisch und dem Zettel in meiner Hand verschlucken. Ich nahm meine Bücher und ging.

Als ein paar Stunden später die Schelle zur großen Pause ertönte, schnappte ich meine Sachen und lief durch die Flure, wühlte mich vorbei an Hunderten Schülern, die auf den Hof strömten und sah Mike Kelly, als er gerade seine Klassentür abschloß. „Mr Kelly", rief ich, „Mr Kelly", ich erreichte ihn total aus der Puste. „I'm sorry, Sir." Er griff meine Hand, die ich ihm entgegenstreckte: „Yes", sagte er, „O. k."

Mike Kelly zum Lehrer zu haben, war in vielerlei Hinsicht prägend und ein Gewinn fürs Leben. In seinem Unterricht hörte ich zum ersten Mal vom Holocaust. Selbst in Deutschland, wo ich Geschichte als Abiturfach gewählt hatte, schlossen wir vor dem zweiten Weltkrieg ab. Hätte ich es nicht bei Kelly gelernt, dann wüßte ich bis heute nicht, was die Yalta Konferenz war und wer Konrad Adenauer. Sein vorlesungsartiger Unterricht war informativ, auf die Sekunde „getimet" und duldete keine verklärenden Emotionen. In der Beschreibung des Holocaust wie in allen anderen Dingen hielt er sich an die historischen Fakten oder wies ausdrücklich darauf hin, wenn es sich um eine unbewiesene Vermutung handelte. Für mich war die Betrachtung der deutschen Geschichte aus dieser Perspektive merkwürdig. Eigentlich war es ja meine Geschichte. Wie sehr sie mich gefangen hatte und mit meiner Mentalität, meinen Ängsten, meiner politischen Orientierung zu dem Menschen machte, der ich war, wurde mir erst klar, als ich mich wie durch ein Fernglas von außen betrachtete. Ob wir im deutschen Geschichtsunterricht so über den Sezessionskrieg gesprochen haben, wie die Amis über unseren Weltkrieg? So unbetroffen und verständnislos?

Die Schüler stellten am Ende der Stunde viele Fragen an Mr Kelly. Die Daten waren klar und brav in den Notizen mitgeschrieben. Aber was

ist das genau, ein Konzentrationslager? Wie viele Juden sind dort gestorben, sagten sie sechs Millionen? Ist es wahr, daß die Juden in Ghettos lebten? War Adolf Hitler Präsident?...Was wollen sie damit sagen, er hat den Juden die Zähne ziehen lassen, damit er die Goldplomben wiederverwerten konnte?
Ich atmete durch den Mund und meine Hände lagen vor mir auf dem Tisch wie zwei Klötze Blei. Meine Augen verharrten regungslos auf dem gelben Fleck in der Weltkarte: Germany. Ganz am linken Rand, wo eine rote Linie Germany von Belgium und Netherlands trennte, da war Aachen. Gar nicht eingezeichnet, so klein. Keiner hatte eine Ahnung davon, aber es war da. Aachen, mit Straßen, Häusern, Menschen. Da kam ich her. Da irgendwo auf diesem gelben Plan des Landes Germany waren sechs Millionen Juden ermordet worden. Ich glaube, niemand im Zimmer verstand in diesem Moment so gut wie ich: „Es darf niemals wieder passieren." Ich schaute mich um und sah Finger schnippen und sah Münder sich bewegen, aber es war wie durch eine gläserne Wand, die keinen Laut hindurchläßt. Da war kein Geräusch, das das Dröhnen in meinen Ohren vom Widerhall meines Atems und dem langsamen Herzschlag hätte durchdringen können. Ich sprang aus meiner Bank und eilte aus dem Klassenzimmer.
Ich ging zu Mrs Fitz-Simmons, der Beratungslehrerin der etwa 16 Austauschschüler, in deren „English-as-a-Second-Language"-Kurs ich zu Beginn des Jahres gewesen war. Ihre Tür stand wie die von Mr Palicki auch während des Unterrichts weit offen, und erwartungsgemäß wurde ich nicht abgewiesen. Während die Schüler in Gruppen über ihre Aufsätze diskutierten , hatten Fitz, wie sie liebevoll genannt wurde, und ich Zeit, ein bißchen zu reden. Nicht über Krieg. Über das Wetter, über Gastfamilien, über Lehrer.
Am nächsten Tag ging ich zu Mr Kelly, und wir redeten lange. Er hatte mich die ganze Zeit beobachtet und gesehen, daß mir die Tränen die Wangen runtergelaufen waren. Es tat ihm leid, mich so getroffen zu haben. Er meinte, ich könnte den kommenden Stunden fernbleiben, aber das wollte ich nicht. Er dankte mir für meine Offen-

heit, und wir verabredeten, daß ich am Ende des Jahres eine Stunde bekäme, um meinen Mitschülern von mir und meiner Heimat zu erzählen. Später in der Geschichtsstunde würde ich allen erklären, warum ich die Fassung verloren hatte.

Ich gewann eine neue Perspektive: Nicht nur war ich ausländische Schülerin, ich war auch Botschafterin. Und wenn ich wollte, konnte ich diese Sonderstellung ganz gezielt ausnutzen. Das tat ich. Mir wurde immer klarer, wie wichtig mein Aufenthalt war. Nicht nur für mich, sondern auch für alle Menschen, die in irgendeiner Weise mit mir oder der bloßen Kenntnis meiner Anwesenheit in Berührung kamen. Wie wichtig auch für das Land, aus dem ich kam.

Bei der Gestaltung meiner „Deutschstunde" gab ich mir große Mühe: Ich zog die Europakarte aus der Decke und durchkreuzte erst einmal die Grenze zwischen DDR und Bundesrepublik von Norden nach Süden mit einem Stift. „Das könnt ihr gleich abhaken, denn die DDR gibt es nicht mehr." Dann erzählte ich meine Lieblingsgeschichte von den Zäunen, die von Norden nach Süden durch Amerika gezogen werden. In Salt Lake City müßten sich die Mormonen innerhalb einer Woche entscheiden, ob sie lieber bei der Oma östlich des unterminten Zauns, oder eher bei den Kindern westlich des Zauns wohnen wollten. Auf der einen Seite Washington D. C., New York und Boston, auf der anderen Los Angeles, San Francisco und Las Vegas, und im Grand Canyon geht eine Mauer quer durch die Mitte. So. Jetzt stellt euch DAS mal vor.

Auch klärte ich das Mißverständnis mit der Autobahn, auf der alle 16jährigen stockbesoffen in zwei Stunden von Italien im Mercedes Richtung Holland fahren, um sich legal dope zu kaufen. Nicht alle Deutschen stehen vor ihrer Alm-Öhi-Hütte und jodeln, Kuckucksuhren sind bei uns gar nicht so „in" wie bei euch. Auch über Heike und Familie habe ich gesprochen, und über meinem Bruder Nils, den ich anbete, weil er so lieb ist. Ob ich ihn vermisse? Nein, eigentlich nicht. Dafür habe ich ja gleich zwei Brüder dazubekommen. Geht's mir gut in Amerika? Ja, na klar. Am besten sind die In'n'Out Hamburger. Davon kann ich essen bis mir schlecht ist.

Ich war gut drauf und erhielt am Ende Applaus, daß ich dachte, ich hätte ihnen Deutschland glatt verkaufen können. Und Europa gleich dazu. Prompt wurde ich zum Mittagessen im In'n'Out eingeladen.

Und sie jodeln DOCH!

Die Gelegenheit, über uns und das Land unserer Herkunft zu reden, wurde uns Gastschülern recht häufig gegeben. Der Höhepunkt war, als sieben von uns gleich zwei Stunden lang erzählen durften. Etwa 60 Schüler unterschiedlichen Alters saßen in der Spanisch-Klasse von Mrs Rodriguez auf den Stühlen und Tischen und hörten uns gespannt zu. Am Ende ließen wir uns nicht lange bitten und führten Tänze aus unseren Ländern auf. Line aus Norwegen griff sich einen schüchternen Amerikaner zum Holzschuhtanz, Jose und Daniel aus Spanien versuchten Flamenco, Renja aus der Schweiz tanzte Schuhplattler und ich jodelte dazu... Wann immer wir auf dem Schulhof Leuten begegneten, die unsere Show miterlebt hatten, kicherten sie los oder jodelten zum Gruß.

Am Ende ließen wir uns nicht lange bitten und führten Tänze aus unseren Ländern auf...

Achtes Kapitel

Schon April

Meine Güte – schon April! Wie schnell die Zeit verging. Noch ein paar Wochen, dann kam Nils.
Mein Knie war ganz gut verheilt. Ich konnte wieder Fahrrad fahren und langsame Ausritte machen. „Take it easy and day by day" war Larks guter Rat gewesen. Das Leben genießen, da hatte ich keine Probleme mit. Mein Vater in Deutschland war nach schwerer Krankheit auf dem Weg der Besserung. Der Druck der Sorge um ihn wich langsam von mir. Wegen des Taschengeldes hatte ich mir selber unnötig Panik gemacht. Auch die manchmal schwierige Anpassungsphase in Amerika und in meiner neuen Familie war nun überwunden, und mein Freund Tom war voll akzeptiert. Die Dinge hatten sich eingependelt, und ich war auf dem Genießertrip. Ich las viel und teilte mir meine Zeit müßiger ein.
Hin und wieder ging ich zum Babysitten. Ich kannte die Familie inzwischen sehr gut. Mit Randy und Megan konnte ich, wenn ich ein bißchen gestikulierte, auf deutsch reden, und sie verstanden. Auf Christys Bitte hin hatte ich ihnen im Laufe des Jahres systematisch die Sprache beigebracht und kleine Bücher mit Vokabeln, Regeln und einfachen bebilderten Texten angelegt. Es war wie ein Spiel gewesen, wir konnten malen, und wenn ich einen Pinsel brauchte, zeigte ich darauf und sagte auf deutsch: „Megan, bitte – gib – mir – den – Pinsel!" Es klappte toll. Kinder lernen viel schneller und behalten die meisten Sachen sofort.
Christy bot mir eines Tages an, ich sollte sie und ihre beiden kleinen Töchter in den Urlaub zu einer Familienfeier begleiten. Sie würde alles bezahlen, und ich würde hin und wieder auf die Madchen aufpassen. Das war ein großherziges Angebot. Ich sagte natürlich zu. Es war eh mehr ein Vergnügen als Arbeit, mit den beiden zu spielen. Die Nachmittage mit ihnen vergingen immer sehr schnell, ich lernte viel über mich und über amerikanische Kinder.

Christy bot mir eines Tages an, ich sollte sie und ihre beiden kleinen Töchter in den Urlaub zu einer Familienfeier begleiten.

Unser Reiseziel war Catalina Island, eine Insel im Pazifik. Während der stürmischen Überfahrt auf der Fähre saßen wir warm verpackt draußen am Bug und sangen schunkelnd „My Bonnie is over the Ocean". Jemand aus der Verwandtschaft machte Videoaufnahmen von uns. Eigentlich hätte nicht er uns, sondern wir ihn filmen sollen, wie er da mit der Kamera stand und schwankend versuchte, das Gleichgewicht zu halten. Er war zeitweise in einem 45 Grad Winkel nach hinten gebeugt, um dem Wind standzuhalten. Im Fernseher sah der Film bestimmt aus, als hätte ein Besoffener ihn gedreht.
Auf Catalina gab es nur ein paar Hundert Bewohner, die das ganze Jahr über dort lebten. Der einzige größere Ort hieß Avalon, und das bergige Hinterland war nur von Büffeln und anderen Tieren bewohnt. Um Fahrradtouren außerhalb der Stadt machen zu dürfen, brauchte man eine Genehmigung und Autos gab es fast gar keine in den winzigen Sträßchen. Erst sieben Jahre nach Stellen eines Antrags durften die „Neu-Avaloner" ein Auto auf die Insel schiffen lassen.

Avalon ist das Ziel schlechthin für Mountain-Biker und Taucher: Ich sah Delphine, Seelöwen, orange Neonfische und allsowas. Das Wasser war klar, und direkt hinterm Hafen ging es steil abwärts in pazifische Tiefen. Christy stellte mich ihrem Cousin vor. Er hieß Scott und war elf Jahre älter als ich. Er strahlte eine ungeheure Ruhe aus und nahm mich im ersten Augenblick mit seiner Ernsthaftigkeit gefangen. Wir schauten uns in die Augen und wußten beide sofort: „wir kommen vom gleichen Stern". Christy, die mir bereits auf der Hinfahrt eine besondere Begegnung prophezeit hatte, schlug am zweiten Tag vor, wir beide sollten Mountainbikes mieten und eine Tour machen. Ich zögerte, aber Scott hatte bereits zugesagt.
Es wurde ein herrlicher Tag. Nenn mir ein Thema – wir sprachen darüber. Wenn ich wegen meines Knies eine Pause machen mußte, schoben wir einfach die Räder. Bei dieser Gelegenheit entdeckten wir einen botanischen Garten am Rande der Stadt. Der Hibiskus, die Blüten der Kakteen, die Sträucher, alles blühte. Nachmittags gingen wir in einem kleinen mexikanischen Restaurant essen und setzten uns dann am Leuchtturm auf die Felsen. So wie wir zuvor gesprochen hatten, so konnten wir jetzt gemeinsam schweigen. Wir saßen einfach da und genossen den Anblick des azurblauen Himmels über dem Meer, das immer wieder ein paar seiner Wellen schickte, sich über die Felsen unter uns zu ergießen. Alles, einfach alles an diesem Tag war von berauschender Schönheit. Wir saßen im Schatten von Eukalyptusbäumen und beschrieben die Welt in Gedichten, als sei sie ein Gemälde. In einem winzigen Bed & Breakfast-Haus sah ich in der verglasten Veranda ein Klavier stehen. Wir gingen rein, und ich spielte. Es war ein Tag wie ein ganzes Jahr.
Beim feierlichen Familienessen setzte man uns in dem extra angemieteten Speiseraum des Hotels an den gleichen Tisch. Es wurden Reden gehalten und Lieder vorgesungen. Alle Kinder hatten Piratenhüte auf und sangen "My way" mit ihrem Großvater, der Gitarre spielte. Stürmisch wurde ich gebeten, ein Lied auf deutsch zu singen. Ich tat es mit Vergnügen und gab am Ende auf Christys Bitte hin meine schon fast traditionelle Jodelzulage.

Am letzten Tag wollte Scott mit mir spazierengehen, und er wartete morgens auf mich. Christy bestand darauf, daß ich den Tag mit ihr und den Kindern verbrachte. Sie ging raus zu ihm und sagte, ich würde nicht kommen. Ich legte mir das Kissen auf den Kopf und verfluchte den Tag. Zum Frühstück gingen wir in ein Restaurant direkt am Meer, und prompt kam auch Scott mit seinem Vater und seinem Bruder dorthin. Ich wußte, es gab Meinungsverschieden-heiten zwischen Christy und ihrem Onkel, Scotts Vater, so wurde außer small talk kein Wort gewechselt. Ein einziger verzweifelter Blickwechsel zwischen Scott und mir wurde mit Schweigen moniert.

Scott

Nach dem Frühstück verschwand er wortlos. Um 13 Uhr 30 ging unser Schiff, und ich suchte mit den Augen immer wieder die Promenade und den Hafen ab, aber Scott war nirgends zu sehen. Schließlich verkündete das Fährhorn die Abfahrt. Ich fuhr ohne seine Adresse, ohne Abschied. Allein zu Hause setzte ich mich an den Flügel und spielte „Pour Adeline". Das hatte Scott am liebsten gehört. Ich rief

Tom an und sagte ihm, ich sei wieder zurück. Wie unfair ich mich fühlte. Mit den Händen in den Hosentaschen stand ich am Fenster und schaute übers Tal. Scott wohnte in Santa Barbara. Das war weit weg. Wir würden uns nie wiedersehen. Er kannte auch gar nicht meine Anschrift. Mein Freund war Tom. Nachts träumte ich von Scotts blauen Augen.

Am nächsten Tag kam Tom mich wie immer von der Schule abholen. Er bemerkte sofort die Veränderung, und nachdem ich ihm alles über die Tage auf Catalina erzählt hatte, verbrachten wir den Rest der Fahrt wortkarg. Tom nahm meine Hand und hielt sie ganz fest, so als wollte er sagen: „Bleib bei mir bitte." Nachmittags mußte er zur Universität. Ich erzählte Lark von meiner Reise. Sie meinte, ich sollte Christy nach Scotts Adresse fragen, aber ich hatte mich schon entschlossen, die ganze Sache zu vergessen. Das Telefon klingelte, und ich ging in meinem Zimmer abnehmen. Ich preßte mir den Handrücken gegen den Mund, um nicht aufzuschreien, als ich Scotts Stimme hörte. Wir sprachen eine Weile, und ich lud ihn für den nächsten Tag zum Abendessen ein. Nachdem wir aufgelegt hatten, fiel ich auf mein Bett und blieb erst einmal regungslos liegen. Larks grinsendes Gesicht erschien im Türrahmen.

Tom kam zu mir, und wir machten einen Spaziergang. Ich sagte ihm, Scott hätte angerufen, und ich hätte ihn zum Essen eingeladen. Dann tat ich etwas Verrücktes: Ich sagte Tom, er sollte auch kommen. Es war mehr ein Impuls als eine rationale Entscheidung, und es wäre eine fatale Situation geworden. Aber Tom schüttelte den Kopf. „Was passiert, wenn du wieder nach Deutschland fährst?" fragte er plötzlich. Ich schluckte. Er ließ mir keine Zeit zu antworten: „Du wirst neue wunderbare Menschen kennenlernen. So wie Scott. Ich werde nicht da sein." Er schlug vor, daß wir die Beziehung abbrachen. Alles war auf einmal so theoretisch, unsere Tage gezählt. Wir hatten das Thema immer gemieden und den Gedanken an Trennung verdrängt. Kaum ein Tag war vergangen, an dem wir uns nicht gesehen hatten – es war immer alles perfekt gewesen – der Rest unseres gemeinsamen Lebens war bereits geplant. Aber es war die Realität, im August würde ich fahren. Unser Gespräch nahm eine andere Richtung. Wir begannen, über uns zu sprechen, über all die wunderbaren Dinge, die wir unternommen hatten, unsere Reise nach San Francisco, und wie er mich auf dem Rücken durch die Universal Studios getragen hatte, weil meine Knie so wehtaten. Es war, als würde ich nicht im August, sondern gleich am nächsten Tag abfahren, und unsere letzte Stunde hätte geschlagen. Wir wiederholten ganze Dialoge, so wie wir sie im vergangenen Jahr gesprochen hatten. Danach ging es mir schlecht.

Als Tom mich am nächsten Tag von der Schule abholte, kriegte ich einen Schreck, als ich seine geschwollene Hand sah. Sie war blau und hatte tiefe Kratzer und Schnitte. Ich fragte, was passiert war und kniff meine Lippen zusammen in dunkler Vorahnung. Die Antwort erhielt ich in seiner Wohnung. Er hatte seinen Nintendo-Computer zerschlagen. Mir wurde kollig, als ich Blut auf den Resten sah. Über seinem Bett hatte ein Pfeil gehangen, ein japanischer Talisman für das Jahr – ich fand ihn in zwei Teile gebrochen im Müll. Ich griff Tom beim Kragen und schrie ihn an, wieso er das getan hätte, und er solle sich verdammtnochmal nicht weh tun. Dann fiel ich weinend in den Sessel. Er weinte auch und kam plötzlich mit einem Dutzend Rosen an, die er mir kniend übergab. Ich schlug die Hände über dem Gesicht zusammen. „Du sollst mich niemals verlassen!" schluchzte er und nahm mich fest in seine Arme. Ich schlug vor, daß wir uns ein paar Tage nicht sehen.

Abends kam wie verabredet Scott. Er sah gut aus. Im Gegensatz zu mir. Ich bin mir nicht sicher, aber ich glaube, Dan und Lark waren mit Bonnie ins Kino gefahren, damit ich mit Scott alleine sein konnte. Ich hatte ihn kurz vorgestellt, und er zeigte uns ein paar fantastische Fotografien, die er gemacht hatte. Er war Fotograf, und ich hatte ihn gebeten, Bilder mitzubringen. Während des Essens war mein einziges Thema meine Beziehung zu Tom. Ich war schrecklich durcheinander und sagte immer wieder, Tom ist der beste Freund, den ich habe, und ich könne ihn auf keinen Fall verlassen. Es tat mir alles so leid. Da schau, jetzt hatte ich drei Leuten restlos den Tag verdorben. Scott zeigte Verständnis. Ich hatte ihm ja bereits auf Catalina von meiner

Freundschaft erzählt, und er war glücklich, wenn er nur ein guter Freund sein durfte. Er schenkte mir das Gedicht, das er in Avalon geschrieben hatte, als meine Fähre aufs Meer hinausfuhr.
Ich dankte ihm und umarmte ihn beim Abschied lange. Gute Freunde. Ja, das würden wir sein. Immer.
Als Scott gegangen war, rief ich Tom an, um ihm zu sagen, daß ich ihn liebe, daß ich ihn sehen wollte, und daß ich ihm auf der Straße entgegenkäme.

Candlelight

Bonnie kam morgens mit verquollenen Augen und ihrem Kopfkissen unterm Arm durch den Garten getorkelt, stampfte die Stufen zur Veranda hoch, schob die quietschende Terassentür auf und ging in der Küche wortlos an mir vorbei in ihr Zimmer. In ihren zerzausten Haaren hing Stroh und Heu, denn sie hatte draußen vor den Ställen im Pferdetransporter geschlafen bei offener Heckklappe. Das tat sie bereits seit etwa einer Woche. Der Bauch unserer Araberstute Brandy war auf die doppelte Größe gewachsen und die Tierärztin prophezeite die baldige Geburt des kleinen Fohlens. Bonnie wollte das natürlich auf keinen Fall verpassen.
Die halboffenen Augen ließen keinen Zweifel, daß sie sich wiedermal umsonst die halbe Nacht um die Ohren geschlagen hatte. Ich wagte gar nicht erst, ihr guten Morgen zu sagen, aus Angst, sie würde dann im Vorbeigehen nach einem Teller oder nach einer Pampelmuse greifen und sie mir an den Kopf werfen.
Irgendwann gab sie auf und wir machten Schichtwechsel. Die abendlichen Veranda-Gespräche mit Dan und Lark verlegten wir einfach auf die Heckklappe des Transporters, von der aus man prima alles überblicken konnte. Als es dann aber tatsächlich passierte, lagen wir im Tiefschlaf in unseren Betten.
Am 10. Mai morgens gegen sieben trommelte Dan uns alle wach, und wir rannten in unseren Schlafanzügen und Nachthemden zum Stall.

Da stand es, das kleine Baby. Ganz naß und die Beine weit gespreizt, um nicht das Gleichgewicht zu verlieren. Es sah ein bißchen erschöpft aus, und immer wieder knickten ihm die wackeligen Knie ein. Es stand einfach da und ließ sich von der rauhen Zunge seiner Mutter waschen. Wir kriegten unsere Münder gar nicht mehr zu vor Staunen, und trauten uns keinen Mucks zu machen, damit wir das Baby nicht erschreckten. Brandy hatte alles alleine geschafft, ohne uns, ohne menschliche Hilfe. Das Baby war kaum eine Stunde alt und wagte schon erste tapsige Schritte. Es war ein Wunder. Ein echtes Wunder.

Da stand es, das kleine Baby...Es sah ein bißchen erschöpft aus, und immer wieder knickten ihm die wackeligen Knie ein.

Es hatte eine große Blesse, die aussah wie eine Kerze mit einer flakkernden Flamme. Bonnie taufte das Fohlen daraufhin Candlelight.

Es hatte eine große Blesse, die aussah wie eine Kerze mit einer flakkernden Flamme. Bonnie taufte das Fohlen daraufhin Candlelight. Wir nannten es aber immer nur Candy. Gottseidank hatte ich die Grippe und konnte an diesem Tag nicht zur Schule gehen. Die meiste Zeit des Tages verbrachte ich mit Lark gemeinsam sitzend im Stall.

Wir saßen einfach dort im Stroh und wunderten uns. Noch am gleichen Tag konnte Candy galoppieren. Sie rannte freilich gegen jedes Hindernis, plumpste hin und stand dann verdattert wieder auf, nur, um das gleiche aufs Neue zu tun. Wir ließen das Gatter zum Garten offen, aber Brandy gestattete dem Kind nur einen sehr kurzen Ausgang. Wir fanden, sie sei ein bißchen streng. Als Candy sich neugierig den anderen Ställen näherte, in denen die beiden „Herren“ schon seit Stunden die Köpfe reckten, um das kleine Ding zu mustern, fing Brandy an zu schreien und zu jaulen, wie man es eher von einem Walroß als von einem Pferd erwartet. Sofort war sie zur Stelle und stupste Candy zurück in den Stall.
Auch wir wurden inspiziert. Ich bekam warmen Atem ins Gesicht gepustet, und Candy lutschte verwirrt und zahnlos an meinem Daumen. Mit weicher Nase stupste die Kleine mich an und sprang auf einmal wie von der Tarantel gestochen in die Luft und hopste davon. Sie hatte schnell ihre vorläufige Lebensquelle entdeckt, und wann immer sie trank, beugte Brandy sich nach hinten und leckte ihr zärtlich das Rückenfell. Die Tierärztin war mit allem sehr zufrieden. Nachmittags kamen bestimmt über 20 Leute das Baby anschauen. Die Neuigkeit hatte sich schnell herumgesprochen. Was für ein wunderbarer Tag.

Good News

Daß ich mit meiner Organisation zufrieden war, ist kein Geheimnis. Es gab keinen Moment, in dem ich mich nicht gut betreut gefühlt habe. Ganz besonders als ich krank war oder Probleme hatte. Marcia wäre auch um drei Uhr morgens zur Stelle gewesen, um mir zu helfen. Das war Glück. Kerstin wohnte so weit weg, daß sie Marcia nur einoder zweimal während des Jahres zu sehen bekam. Wäre ich mit ihr nicht zurechtgekommen, dann hätte ich bei den amerikanischen Partnern meiner deutschen Heimatorganisation angerufen, und denen mein Leid geklagt.

Eines Tages stellte Marcia mich der Koordinatorin Cathy vor. Sie fragte mich, wie es mir geht, und ich sagte wahrheitsgemäß, es geht mir ausgesprochen gut. Cathy war ganz baff deswegen. Sie bekam viele Anrufe von Austauschschülern, und immer hagelte es Schelte: Hier wollte jemand die Familie wechseln, da beschwerte sich eine Gastmutter, daß der Schüler nicht jeden Tag duschte. Irgendwelche Probleme gab es immer zu bewältigen.
Stimmte ja auch. Warum sollte ich anrufen, wenn alles in Ordnung war? Genau wie mit den Nachrichten. Wen interessiert schon, daß alle Flugzeuge gut gelandet sind? Der Crash ist es, der die Headline macht. Wo war die Sendung für Good News? Gesundheit, Freude, Freiheit – wir nehmen diese Dinge meist mit einem Schulterzucken als Selbstverständlichkeit hin. Fehlen sie plötzlich, dann klagen wir sie ein, wie einen Besitz, der uns rechtmäßig zusteht. Und am liebsten bei anderen, aber nicht bei uns selbst. Womöglich noch beim lieben Gott.

Die Begegnung mit Cathy machte mich nachdenklich. Marcia hatte all die Zeit meinen Müll geschluckt, ohne Klage, ohne auch nur dafür bezahlt zu werden. Ich hatte mit allem riesiges Glück gehabt. Ich wohnte bei den Houstons, meine Repräsentantin war Marcia, back home wußte ich meine Eltern Rosi und Gunnar und meinen Bruder Nils – es war das Paradebeispiel für einen echten Glücksfall. Grund genug für mich, eine „Good-News-Hotline" einzurichten. Es kam ein bißchen spät, aber besser als gar nicht.
Fortan rief ich immer mal wieder bei Cathy an und sagte ihr: „Hi Cathy. Es geht mir gut." – „Gibt es etwas Besonderes?" fragte sie die ersten Male, vermutlich den Atem anhaltend, in der Erwartung irgendeiner schrecklichen Nachricht. „Nein." sagte ich, „nein, eigentlich nicht. Mir geht's nur so gut." Marcia kriegte natürlich auch ihre Good News. „Make my day", sagte sie dann und nahm mich in die Arme. Einmal rief ich sogar bei der Organisation in Deutschland an, weil ich so guter Dinge war. Briefe bekam die sowieso von mir. Der längste war so um die 16 Seiten lang.

Noch fünf Tage, dann kommt Nils

Ich konnte nachts kaum schlafen bei dem Gedanken an Nils' baldige Ankunft. Die letzten fünf Tage des Wartens würden genauso schnell vergehen wie die letzten fünf Wochen, wie die letzten fünf Monate. Ob er sich verändert hatte? Sah er anders aus? Hatte er andere Kleider, oder eine andere Frisur so wie ich? Ich zitterte vor freudiger Erwartung. Wir hatten uns die schönsten Briefe geschrieben und manchmal miteinander telefoniert, aber ich fand, eine anständige Kissenschlacht und ein dicker, fetter Kuß „hier auf meine linke Bakke" waren langsam überfällig.
Zusammen mit Al und Bonnie malte ich ein riesiges Willkommensschild mit vielen bunten Männchen, die zwischen den Buchstaben von „Welcome" herumturnten. Al konnte ganz ausgezeichnet Männchen malen, und selbstverständlich planten wir auch schon Nils' Ausflug mit Al auf der Harley. Jeder war gespannt, Nils kennenzulernen, von dem ich so viel erzählt hatte. Wer war das wohl, von dem Heike sprach wie von einem falsch gelandeten Engel, einfach dem Traummann schlechthin? Eins stand fest: Jede Minute seines Aufenthalts war bereits Wochen vorher flexibel, aber doch definitiv verplant.

Neuntes Kapitel

Umarm' mich oder stirb!

L.A.X ist ja so ein entsetzlicher Flughafen. Die gleiche Zeit, die man braucht, um dort einen Parkplatz und dann auch noch den richtigen Terminal zu finden, brauche ich für eine Radtour einmal ganz um Aachen. Mir fiel jedenfalls ein Stein vom Herzen, als wir rennend vor Gate A ankamen und sahen, daß die Maschine mit einer halben Stunde Verspätung gerade erst gelandet war.
Zwischen all den wartenden Leuten fand ich einen Platz an der Bande und starrte auf die Leute, die mit ihren Koffern die Gateway entlanggingen. Nein, das war er nicht, nein, so sieht er auch nicht aus. Sind

wir vielleicht doch am falschen Ausgang? Vielleicht sollten wir ... mein Gott, da war er! „NNNIIIIIIIILS!“ – „HEEEIIIKEEE!“ Wir ließen alles stehen und liegen und rannten einander in die Arme. Er hob mich in die Luft und drehte sich mit mir im Kreise, bis uns beiden ganz schwindelig war. Schließlich standen wir still da und weinten einander ganze Bäche ins T-Shirt. „Nils“, sagte ich, „Heike“, sagte Nils, „endlich sind wir wieder zusammen.“ Tom stand lachend neben uns und schüttelte immer wieder den Kopf: „Sowas habe ich noch nicht gesehen.“

Wir fuhren nach Venice zu Tante Mathilde, die uns bereits im Vorgarten entgegenkam. Sie hatte auch Apfelstrudel für uns im Backofen, und wir saßen bei ihr und erzählten und sangen. Wir gingen eine Weile an den Strand und liefen barfuß durch den warmen Sand, dann fuhren wir in Richtung Alta Loma ab, wo wir erwartet wurden. Wir redeten die halbe Nacht durch und am nächsten Morgen verschlief ich. Ich fuhr trotzdem mit Dan zu seinem Teppichladen und ging von dort den kurzen Weg zu Fuß zur Schule. Nils traf mich um zwölf. Der Wächter am Eingang wollte ihn nicht hereinlassen ohne Schulausweis oder offizielle Genehmigung. Ich hätte ihn anmelden müssen, damit er den Campus betreten durfte. Das Überredungsgespräch war anstrengend, und ich rannte ein paarmal zum Sekretariat, um von dort Formulare zu holen, sie von Nils ausfüllen zu lassen, sie dann ins Sekretariat zu bringen und von dort unterschrieben wieder zurück zum Guard. Am Ende kriegte Nils ein Schildchen an die Brust, auf dem er sich als Gast kennzeichnen mußte, und durfte das schwere Eisentor passieren, das hinter uns wieder ins Schloß fiel.

Das Gelände war (fast) ein- und ausbruchsicher. In keinem Raum gab es Fenster, die man öffnen konnte. Wenn man aus Versehen irgendwo eingeschlossen wurde, konnte man nur hoffen, daß nicht die großen Ferien bevorstanden. Es gab nur wenige undichte Stellen. Eine der Türen konnte man mit einem Stift in der Türangel vom Zufallen bewahren. Dann konnten die Schüler, die es brauchten, in der Pause zum Supermarkt rennen, dahinter stehen und rauchen und am Ende der Pause ungesehen wieder das Gelände betreten. Auch den zwei bis drei Meter hohen Drahtzaun konnte man überklettern. Ein Schüler hatte sich dabei den Oberkörper aufgeschlitzt. Es war also ratsamer, vor oder nach der Schule die offenen Tore zu benutzen, oder im Besitze eines entsprechenden passes zu sein, der – Sesam öffne dich – freien Durchgang ermöglichte. Die magischen Notizblöcke, die zu diesem Zweck benutzt wurden, verschwanden oft von den Lehrerpulten und viele Schüler waren echte Cracks im Schriftenfälschen...

Es ist fraglich, was zuerst da war. Gab es so strenge Regeln, weil die Kriminalität an Schulen immer mehr zunahm, oder so viel Kriminalität, weil die Regeln so haarsträubend waren? An Toms früherer High School in Oakland hatten sich innerhalb eines halben Jahres acht Schüler in Gang- und Bandenkriegen während den Frühstückspausen oder auf den Gängen gegenseitig erschossen. Er hatte daraufhin keinen Familien-Wechsel, sondern geradezu einen Familien-Sprung in den Süden Kaliforniens gemacht.

Wir machten mit Nils Ausritte in die Berge, von denen er immer wund zurückkam. Wenn er durch den Garten ins Haus stolzierte, dachte man, er hätte noch immer ein Pferd zwischen den Beinen.

An meiner Schule gab es Zwischenfälle mit Drogen, und ein 14jähriges Mädchen hatte sich in den Sport-Umkleideräumen zu Tode gesoffen. Das war sicher kein Spaß mehr. Ein anderes Mädchen nahm in den Toiletten von einem fremden Mann 14 Pillen an und schluckte sie alle. Sie wurde mit einem Krankenwagen abtransportiert und konnte gerettet werden.
Nach diesem Vorfall wurden die Toiletten in den Pausen regelmäßig kontrolliert. Es gab zwei Ausgänge, und wenn man gerade am verstopften Waschbecken stand und sich ärgerte, daß das Wasser in senkrechtem Strahl aus dem Rohr und einem ins Gesicht spritzte, kam links die Aufseherin herein, ging gemächlich mit hinter dem Rücken verschränkten Händen an einem vorbei und auf der anderen Seite wieder raus. Das war Alltag. Wir durften auch nur während der großen Pause auf der Schulhofwiese liegen. Zu allen anderen Zeiten war es „Loitering" und streng verboten. Es sei denn, es gab Lehrer wie Palicki, die auf dem „pass to sun" ausdrücklich Sonnenbaden verordneten.
Nils war aber nicht gekommen, um die heiligen Gesetze der High School zu brechen. Er begleitete mich zu Mr Kelly und redete mit ihm eine geschlagene Stunde über Indonesien. Sie waren auf den gleichen Inseln gewesen und hatten viele ähnliche Erfahrungen gemacht. Nach der Schule wollten wir mit dem Schulbus nach Hause fahren. Nils passierte gerade den Fahrer, als der ihn am Ärmel nahm und sagte: „Den Schulausweis bitte." Nils hatte natürlich keinen, und war daher nicht befugt mitzufahren. Der Fahrer kannte seine Kids. Einen Fremden würde er nicht mitnehmen. Alles Bitten half nichts. Nils meinte, ich sollte ruhig mitfahren, er käme schon irgendwie hinterher. „Kommt nicht in Frage", sagte ich, „Wo du nicht willkommen bist, da bin ich auch nicht willkommen." Wir nahmen uns bei der Hand und gingen in den Park. Durch Zufall trafen wir später Marcia, die uns nach Hause fuhr.
Wir verbrachten das Wochenende in Toms Whirlpool, auf einer Party des Club International und immer wieder mit meiner Familie. Bonnie und ich machten mit Nils Ausritte in die Berge, von denen er

immer wund zurückkam. Wenn er durch den Garten ins Haus stolzierte, dachte man, er hätte noch immer ein Pferd zwischen den Beinen.

Die Glöcknerin von Avalon

Beim Campen lernten wir Jo und Michele kennen, ein Paar aus San Diego, das uns später in Deutschland besuchte.

Endlich verriet ich Nils meine große Überraschung: Ich hatte Tickets für Catalina Island gekauft und auch schon einen Zeltplatz reserviert. Tom fuhr uns nach Long Beach zur Fähre.
Beim Campen lernten wir Jo und Michele kennen, ein Paar aus San Diego, das uns später in Deutschland besuchte. Sie mieteten ein Auto

und wir tourten zusammen durch die Lande. Die Abende in Avalon verbrachten wir gemeinsam beim Lagerfeuer mit gegrillten Hamburgern. Tagsüber machten Nils und ich Ausflüge, unter anderem zu dem Glockenturm auf einem Felsen über Avalon, von dem zur vollen Stunde eine Melodie durch den ganzen Ort ertönte. Durch Zufall trafen wir den Glöckner, der uns aufschloß und uns den Turm zeigte: Es gab eine gewaltige Maschinerie und Glocken in allen Größen. Von einer klavierähnlichen Tastatur konnten sie auch manuell betätigt werden. Die Tasten waren verstaubt und vergilbt.
Einmal gesehen, wäre ich meines Lebens nicht mehr froh geworden, hätte ich nicht darauf gespielt: Ich machte Beethoven open air und ließ ganz Avalon im Glockengeläut widerhallen. Mir selbst hätte es – so nah an der Quelle – fast das Trommelfell weggehauen. Der Boden vibrierte unter dem Schall der Glocken. Ich fragte mich, wie viele Leute wohl gerade regungslos in Avalons Straßen verharrten und zum Turm hochschauten. Er hatte doch noch nie um 15 Uhr 42 „Für Elise" von sich gegeben.
Abends sahen wir von der Straße aus eine mexikanische Gartenparty und hörten die laute Musik. Nils sagte: „Darf ich bitten?" Da haben wir auf der Straße getanzt und kamen spät abends Walzer tanzend und singend am Zeltplatz an. Es waren Tage voller Glück. Wir hatten uns beide verändert und wollten all die Zeit nachholen, die wir voneinander getrennt gewesen waren. Nils erzählte von Mama und Papa, von der kleinen Hündin Senta, von den Freunden, die nach mir fragten und mich grüßten. Ich erzählte von meinen neuen Freunden, von meiner Familie, von Bonnie, die Nils bereits ins Herz geschlossen hatte. Wir hatten uns unendlich viel zu sagen.
Am Tag unserer Abreise brachten wir die ausgeliehenen Fahrräder zurück und kamen an dem Bed & Breakfast-Haus vorbei, in dem ich für Scott Klavier gespielt hatte. Ich wagte einen kurzen Blick in die verglaste Veranda. Vielleicht würde ja Scott dort auf dem alten Biedermeiersofa sitzen und aufs Klavier schauen, an dem ich saß und für ihn spielte. Aber da war nur eine alte Dame, die Staub wischte. Kein Scott. Keine Heike.

Rent a tuxedo

In der Schule ging es in den Endspurt. Zur Abschlußfeier, der Prom, würde ich mit Tom gehen und Nils mit meiner Freundin Line aus Norwegen. Lark und Dan schenkten mir zu diesem besonderen Anlaß ein Kleid. Das Oberteil war eine schwarze Samtcorsage mit tiefem Rückenausschnitt, der Minirock aus goldenem Glitzerstoff. Es war mir ein bißchen zu weit, aber Marcia nähte die Schleifen auf dem Rücken um, so daß es paßte.

...Line und ich hätten sicher den Rest der Nacht unsere neuen Kleider ausführen können...

Für die Männer waren „tuxedos" vorgesehen. Die Smokings konnten sie in speziellen Läden für den Abend mieten. Es gab weiße oder schwarze oder lilane, je nachdem welche Farbe die Begleiterin trug. Ich fand es ziemlich öde, und während Tom verschiedene Sakkos anprobierte, die doch irgendwie alle gleich aussahen, saß ich mit übereinandergeschlagenen Beinen in einem Sessel und stellte mir vor, wie es wäre, wenn er in langem Tüllkleid ginge. Wir hätten damit unfraglich gegen den Dresscode und alle damit verbundenen Kleiderordnungen verstoßen und wären wahrscheinlich wieder nach Hause geschickt worden. Ich dankte dem lieben Gott, daß ich ein Mädchen war. Mich schaute nie jemand schief an, weil ich lange Haare hatte und Hosen trug.

Der Ball fand im Disneyland Hotel statt. Die ganze Stufe von etwa 300 Schülern war dort. Nach dem Essen an nobel gedeckten Tafeln wurde das Parkett zum Tanz freigegeben. Die Lichter gingen aus, und die klassische Musik wurde vom Disk Jockey gegen Rap und Poplieder eingetauscht. Neben der Tanzfläche standen hübsch aufgereiht die hochhackigen Schuhe der Mädchen. Die Jungs lockerten die Schlipse und knöpften die Hemden auf, unter denen behaarte Athletenbrüste im roten und blauen Licht der Diskostrahler zum Vorschein kamen. Es war zum Schießen. Schlag zwölf war Zapfenstreich. Dann lösten sich die eng umschlungenen Tanzpaare vonein-

Nils bestand auf der kalten Dusche...

ander, die Mädels schlüpften wieder in ihre Schuhe, die Jungs knöpften die Hemden zu – und ab ging's, brav in die Heia.
Auf dem Heimweg aßen wir Hamburger im In'n'Out. Wir fanden es zu früh, um die Kostüme schon wieder in den Schrank zu hängen. Line und ich hätten sicher den Rest der Nacht unsere neuen Kleider ausführen können.
Beim Gedanken an den kommenden Tag gingen wir dann aber doch schlafen: Wir wollten früh aufstehen und eine Klettertour im Canyon machen. Nils bestand auf der kalten Dusche. Mit meiner Knieschiene und nach Monaten schweißtreibenden Trainings war ich wieder beweglich und kräftig. Schon seit einigen Wochen machte ich ausgedehnte Radtouren und jagte mit Zee ohne Sattel im Galopp durch die seichten Flüsse im Canyon.

Eine Kette für Bonnie

Lark saß am Küchentisch und spielte mit einer goldenen Kette zwischen ihren Fingern. „Komm mal her, Heika", sagte sie. Als ich mich gesetzt hatte, gab sie mir die Kette und sagte: „Wie findest du die?"
Es war antikes Gold. Der Anhänger, ein Herz, war aus einzelnen Stücken zusammengedreht und -geschmolzen. Es saß ein kleiner Schmetterling darauf, wie auf einer Blüte. Ich wurde oft nach meinem Urteil gefragt, aber diesmal war ich sprachlos. Die Kette war wunderschön. Ein zauberhaftes Schmuckstück.
Lark schien erleichtert, als ich das sagte. Sie erklärte mir, sie sei wirklich verunsichert gewesen, ob sie vielleicht doch nicht so das Wahre sei. Sie war für Bonnie. Zum 18. Geburtstag. Der war zwar noch lange hin, aber Lark hatte dieses Einzelstück entdeckt, und über den Kauf gar nicht erst lange nachgedacht. Alle Achtung: „Wer sowas schenkt," sagte ich ihr, „muß wirklich lieben". Bonnie würde diese Kette sicher bis ans Ende ihres Lebens behutsam aufbewahren. Ich versprach natürlich, Bonnie nichts zu sagen. Sie war zu jung jetzt, um davon zu erfahren.

Nimm mich mit!

Ich winkte ihnen hinterher, bis sie nicht mehr zu sehen waren...

Al war mit der Harley gekommen, um Nils abzuholen. Der war ein bißchen müde, weil er und Dan bis nachts um vier gegen den Billardtisch gelehnt auf dem Boden gesessen und alte Schallplatten gehört hatten. Unter der Sonnenbrille waren die müden Augen aber nicht zu sehen, als er und Al davonbrausten. Ich winkte ihnen hinterher, bis sie nicht mehr zu sehen waren und ging in die Küche, wo ich mich still auf einen Stuhl setzte. Gegen 16 Uhr würde ein Flugzeug gen Deutschland fliegen, und Nils würde an Bord sein. Die Zeit war viel zu schnell vergangen. Auf einmal hatte ich genug von Amerika. Ich wollte nur noch weg mit Nils.

Der kam ganz aufgedreht von seiner Spritztour zurück. Mit neuen Plänen für Motorradrouten quer durch die Staaten. Als nächstes würde er in Deutschland seinen Motorradführerschein machen, und dann würden er und ich zu neuen Abenteuern aufbrechen. Ich nickte und schaute ihm zu, wie er die letzten Sachen in seinem Koffer ver-

staute. Als die ersten Tränen meine Wangen herunterkullerten, schaute ich nur verzweifelt aus dem Fenster und wünschte, er würde bleiben – oder mich mitnehmen. Nimm mich mit, dachte ich, nimm mich doch bitte mit.
Am Flughafen setzte er den riesigen Sombrero auf, den Dan ihm geschenkt hatte. Er sah so süß damit aus, daß ich nur noch mehr weinen mußte. Nochmal geküßt, nochmal gedrückt – und weg war er.
Es war wichtig, daß er gekommen war. Er mußte sehen, wie ich lebte, und welche Dinge mir hier etwas bedeuteten, aber die Organisation behielt recht: Wenigstens für mich war dieser Besuch aus Deutschland sehr ungesund. Schon bei den Vorbereitungstreffen hatten sie von Besuchen aus der Heimat abgeraten, und inzwischen sind Besuche während des Jahres bei vielen Organisationen (gottseidank) ganz verboten. Ich ging im Supermarkt einkaufen, und als ich an die Kasse kam, fragte der Kassierer wie üblich mit einem big smile: „Wie geht es ihnen heute?" Ich hatte die Nase gestrichen voll, immer wieder gefragt zu werden, wie es mir ging. Integer wäre gewesen, hätte ich zurückgesmilet und gesagt: „Oh, just great." Sogar Nichtssagen wäre eine passende Antwort. Aber gerade war Nils gefahren, und mir stand nicht der Sinn nach diesem blöden Spielchen. Ich schaute ihn an und sagte: „Willst du wirklich wissen, wie es mir geht? Ich sag's dir. Mir geht's beschissen."

Zehntes Kapitel

Die echte Krise

Ich weinte und weinte. Als ich endlich aufgehört hatte, entdeckte ich unter meinem Bett eine schmutzige Socke. Sie war von Nils, und wieder strömten die Tränen. In den nächsten Tagen hatte ich genug Anlaß zum Weinen: Etappenweise fand ich drei Socken, ein Hemd, ein Handtuch, zwei Kassetten, und sein Prom-Bouquet. Den halben Hausstand hatte er bei mir vergessen.

Auch in der Schule kamen mir immer wieder die Tränen, und zu allem Überdruß vergaß ich meine Abschlußarbeit in Englisch. Die zehnseitige letzte Garantie für das Bestehen der Graduation. Mir wäre fast das Herz stehengeblieben, als meine Klassenkameraden über ihre Themen diskutierten. Ich schluckte und entschuldigte mich mal ganz schnell. Mr Palicki wartete schon in seinem Zimmer auf mich. Was nun? Er machte nie Ausnahmen und krumme deals. Ich stand mit schwarzen Augenrändern von durchgeweinten Nächten vor ihm und kriegte den Mund nicht auf. Er kniff die Augen halb zusammen und schaute mich scharf an. „Morgen." sagte er dann, „Morgen um 7 Uhr 50 liegt die Arbeit hier. auf. meinem. Tisch!" Ich nickte und drehte mich um zum Gehen. Als ich schon an der Tür war, rief er „Und kein Wort darüber zu deinen Kameraden." Ich schaute zurück und nickte nochmal. Es war korrupt. Aber ich hatte nicht das ganze Jahr geackert, um wegen so eines blöden Schnitzers die nötigen Punkte für die Graduation nicht zu kriegen. Der amerikanische Abschluß würde zwar in Deutschland fast bedeutungslos werden, aber ich hatte mich zu Beginn des Jahres entschlossen, das großzügige Angebot der Schule anzunehmen, und mit den anderen seniors zu graduieren. Ich tippte die halbe Nacht lang und brachte meine Arbeit um 7 Uhr 50 am nächsten Morgen zu Palicki, der sie mit hohem Punktabzug als erfüllte Aufgabe verbuchte. Damit hatte ich bestanden und erhielt auf dem Zeugnis ein gutes „B".

Liegt da ein Geschenk für mich?

Am 8. Juni war mein Geburtstag. Ich wurde 18. Aus Aachen rief meine Familie an, und sie sangen zu dritt Happy Birthday ins Telefon. Ich rannte aufgeregt im Haus herum und bereitete alles vor für meine Party abends. Als ich in mein Zimmer ging und die Heftzwecke zum Feststecken der Girlanden vom Schreibtisch griff, fiel mein Blick auf das Bett. Auf dem Kissen lag eine kleine Pappschachtel auf einem Brief. Ich ging hin und öffnete den Brief:

„Wishing you a handful of sunlight,
a heart full of dreams,
and a world full of happiness.

May we always be in your heart –
your American family The Houstons".

Dann öffnete ich die Schachtel und schaute ungläubig hinein. „Wer sowas schenkt, muß wirklich lieben", hatte ich zu Lark gesagt, als ich zum ersten Mal die Kette sah, die vor mir in der Schachtel lag. Aber das war doch... aber... – ich mußte Luft holen. Sie hatten bereits alle Getränke und Snacks für meine Party gekauft, und eine Tüte Chips, die so groß war wie drei Kopfkissen – ich hatte überhaupt nicht damit gerechnet, so beschenkt zu werden, und ich hatte es im Traum nicht erwartet. Die Kette war das größte und schönste Geschenk, das sie mir je hätten machen können. So ein großes Geschenk – ich weiß gar nicht was ich sagen soll – es rührt mich immer noch. Dan und Lark haben mich geliebt wie ihre eigene Tochter.

Party Crashers

Jason baute für mich seine Stereoanlage im Billiardzimmer auf, und gegen 20 Uhr trudelten meine Gäste ein. Ich schätze, es waren etwa 70 Leute aus 20 verschiedenen Nationen. Viele hatten Freunde mitgebracht und kamen aus anderen Orten der Gegend. Ich hatte auch die Nachbarn eingeladen, damit sich niemand über die laute Musik beschweren würde. Auch Kerstin, Anke und Katja, Teilnehmer der gleichen Organisation wie ich, waren da. Marcia kam mir gratulieren. Plötzlich machte jemand die Musik und alle Lichter aus, und es wurde ganz still. Auf der Treppe sah ich einen flackernden Lichtschimmer. Herein kam Lark und trug eine Torte mit 18 Kerzen über den Köpfen hinweg ins Zimmer. 70 Leute sangen Happy Birthday. Es war unfaßbar – die Torte war einen halben Quadratmeter groß. Dies war ein Tag voller Überraschungen. Und er war noch nicht vorbei...

Wie immer bei großen Parties sollte man ein bißchen achtgeben, wer da kommt. Das tat ich auch. Ich empfing alle an der Tür und war immer umgeben von meinen Freunden, die mit aufpaßten. Ich fühlte mich sicher, und fand es zu albern, das Haus mit „Bodyguards" zu umstellen. Wenn jemand klingelte, konnte ich ja entscheiden, ob ich die Gäste hereinließ oder nicht. Es waren aber nur bekannte Gesichter da. Kein Grund zur Sorge.

Wie kurzsichtig. Wie kurzsichtig und blöd. BLÖD. Jemand, der Unfug im Sinn hatte, würde natürlich an der Türe klingeln und sagen „Hi. Ich kenn dich nicht, aber ich bin Unruhestifter, und will jetzt deine Party auf den Kopf stellen. Du hast sicher nichts dagegen."

Ich bin nicht auf die Idee gekommen, jemand könnte es wagen, unser Gartentor zu öffnen und einfach außenrum hereinzukommen. Ich habe jedenfalls nichts mitbekommen von den Fremden, die gegen 12 Uhr kamen, den Pferden Bier einflößten und anschließend in unseren Grill pinkelten. Sie warfen den Kühlschrank auf der Veranda um und gingen durch die Terassentür in die Küche, wo sie checkten, was Gutes in den Töpfen war. Dan und Lark waren zu Bett gegangen. Lark, die immer Wachsame, hörte ein Geräusch und sagte: „Dan. Someone's messing with the horses." Als dann der Kühlschrank auf der Veranda umfiel, glaubte er es ihr und rannte in die Küche, wo er die „Party Crashers" über den Töpfen antraf. So ein Haufen besoffener Schweine.

Ich unterhielt mich gerade, als Dan – der Boxer Dan – die Treppe herunterkam und brüllte: „The party. is. over! Go. home!" Dann stand er einfach da wie ein Fels in der Brandung und wartete, bis alle an ihm vorbeigegangen waren. Ich erfuhr in der Zwischenzeit, was passiert war, und einer der ungefähr zehn Fremden hatte sogar noch die Dreistigkeit, an Dan vorbei zurück ins Haus und zur Stereoanlage zu gehen, um ein paar Kassetten abzustauben, bevor er die Fliege

machte. Ich griff den Typ mit beiden Händen am Kragen und zischte durch die Zähne: „Get out of my house." Raus. Nur raus mit dir. Ich bin ganz friedlich normalerweise, aber jetzt gerade habe ich den Wunsch, dir eins auf die Nase zu hauen.
Mir blieb eine halb gegessene Geburtstagstorte und ein Haufen Dreck. Eine handvoll Freunde blieb bei mir und half beim Aufräumen. Gegen zwei Uhr morgens saßen wir mißmutig und sprachlos am Küchentisch. „Sie haben meine Party zerstört" war das einzige, was mir zu sagen noch einfiel.

Don't worry, be happy

Am nächsten Morgen ging ich raus in den Garten und schaute in den Grill. Er stank. Katja, die bei mir geschlafen hatte, half mir, ihn sauberzumachen und auszuschrubben. Ich entschuldigte mich bei Dan und Lark und sagte, ich würde einen neuen Grill kaufen. Aber sie waren gar nicht böse, und einen neuen Grill? Ach iwo. Sie meinten, sowas passiere auf jeder Party. Ich könnte nichts dafür und Schwamm drüber.
Ich schrubbte nochmal den Grill aus, bis er in der Sonne blitzte und blinkte. Er roch aber immer noch ein bißchen komisch, und mir war klar, daß aus diesem Ding wohl niemand mehr essen würde. Später saß ich mit einer Cola mit viel Eis auf der Veranda und dachte über den Vortag nach. Dan kam raus und ging mit einem Sack Kohlen an mir vorbei. Er wird doch nicht etwa grillen, dachte ich. Aber so war es. Er warf die Kohlen in den Grill und machte Feuer. Ich beugte mich nach vorne, um besser sehen zu können. Er kam wieder an mir vorbei, verschwand in der Küche, kam wieder raus und passierte mich mit einer Riesentüte Hamburgern.
Während der ganzen Zeit, und als er nochmal hin und herlief, um Kellen zu holen und pine wood und Gewürze, schaute er mich nicht einmal an. So, als sei es das Selbstverständlichste von der Welt, auf einem Grill Hamburger zu machen, in den vor ein paar Stunden je-

mand uriniert hatte. Und das ausgerechnet auf meiner Party. Nochmal folgte ich ihm mit dem Kopf in die Küche, und er kam flötend mit zwei Tellern wieder, die er vor mir auf dem Tisch aufbaute. Dann warf er mir endlich aus dem Augenwinkel einen Blick zu und zwinkerte ganz kurz mit einem Auge. Mir fiel ein Stein vom Herzen. „Don't worry so much, Heika." sagte er.
Es wurden ziemlich leckere Hamburger.

...Er wird doch nicht etwa grillen, dachte ich. Aber so war es...

Elftes Kapitel

Graduation im Footballstadion

„Franklin Pierce war der 14. Präsident der Vereinigten Staaten." Ich machte mein Kreuzchen bei „true". Ja, das stimmte. Dann setzte ich meinen Namen auf jede Seite des Tests. Zwei Stunden lang hatte ich mit meinen Mitschülern über Kurzessays, Fill-In-Sentences und True-or-False Aufgaben gesessen. Mein letztes Kreuzchen war gemacht. Mein letzter Test überstanden. Ich gab die Arbeit ab und setzte mich wieder still an meinen Platz. Das war's also. Mein Schuljahr war vorbei. Ich ließ noch einmal alle U. S. History Stunden von der ersten bis zur letzten im Zeitraffer an mir vorbeilaufen. Es war so schnell vergangen. Wer würde wohl nächstes Jahr an diesem Platz sitzen? Ein Junge aus Schweden vielleicht? Oder wieder eine Deutsche? Würde sie so viel fürs Leben lernen wie ich? Bestimmt.

In der großen Pause stellte ich mich mit den anderen Seniors in die Schlange für unsere Graduationsgewänder. Das blaue Doktorandenhütchen mit dem Bommel war genauso Pflicht wie der lange blaue Umhang. Es kostete so um die 20 Dollar. Dann zog ich mir eins unserer orangefarbenen Abschlußhemden an, knotete mir gasgefüllte Luftballons an die Handgelenke und ging von Klasse zu Klasse „Auf Wiedersehen" sagen. Das machten einige. Wir klopften an, störten den gerade laufenden Unterricht und verabschiedeten uns. Die jüngeren Schüler freuten sich genauso über die Unterbrechung wie die Lehrer.

Am Morgen vor der Zeremonie gingen wir gruppenweise dafür üben. Im Abstand von einem Meter würden die ca. 800 graduierenden „seniors" hintereinander ins Footballstadion einmarschieren. In der Mitte der riesigen Rasenfläche waren Stühle für uns aufgestellt und davor ein Rednerpodest, zu dem wir nach den Ansprachen einzeln aufmarschieren und unsere Zeugnisse entgegennehmen würden. Ich hatte es kapiert. Mein Stuhl war der dritte von links in der vorletzten Reihe des rechten Blocks.

Abends gegen 7 Uhr 30 warfen wir die blauen Talare über unsere Shorts und steckten mit Haarnadeln die Käppis fest. Beim Einmarsch applaudierten die Eltern und Freunde, die die Zuschauertribünen füllten. Als es vorbei war, stürmten sie alle runter auf die Wiese, um uns zu gratulieren. Da stand ich nun auf der Wiese mit meinem in blauen Ledereinband verpackten Zeugnis. Jeff würde vielleicht nach Chicago zur Universität gehen. Marcus blieb in Rancho und ging zum Chaffey College. Marcies Wege führten nach San Diego und meine zurück nach Deutschland. Am Donnerstag brauchte ich nicht zur Schule.

Abends gegen 7 Uhr 30 warfen wir die blauen Talare über unsere Shorts und steckten mit Haarnadeln die Käppis fest...

Da warn es nur noch neun

Wir feierten noch eine Weile mit dem Club International und verabschiedeten Daniel, der gleich am Tag nach der Graduation nach Spanien zurückkehren würde. Ein Austauschschüler weniger.

Einige Tage später brachten wir Kerstin zum Flughafen und dann Sophie. Es war schon komisch. Wie bei den zehn kleinen Negerlein. Nur waren wir am Ende nicht wieder zehn. Es wurde einfach nur immer stiller. Richtig einsam wurde es, als Line fuhr. Irgendwie merkte ich erst am Tag des Abschieds, daß sie und ich gute Freundinnen waren. Als ich im Rollstuhl gesessen hatte, war sie jeden Tag gekommen, um mich spazieren zu fahren. Wir waren zusammen in Mexiko gewesen, und im Canyon waren wir auf einen Felsen geklettert, um Romeo und Julia zu spielen. Ich glaube, ich war Romeo. Jedenfalls wären wir vor Lachen beinah vom Felsen gefallen. Bei uns in der Küche hatten wir uns Avokado-Schlachten geliefert, während unser Papagei auf ihrem Kopf saß, und auf meiner „tollen" Geburtstagsfeier hatte sie um zwei Uhr mit dem Kinn auf die Hand gestützt bei uns in der Küche gesessen.
Line würde mir fehlen. Am Flughafen verschwand sie durch den gleichen Ausgang, den auch Nils benutzt hatte. Wieder einer weniger.

Bei uns in der Küche hatten wir uns Avokado-Schlachten geliefert, während unser Papagei auf ihrem Kopf saß....

42 Richtige

Ich stand mit Tom an einer Art Bartisch und füllte den Fragebogen aus, der vor mir lag. Multiple Choice. Das bedeutete drei verschiedene Antworten, aber nur eine war richtig. Es waren 46 Fragen. Ich hatte mir das kleine Handbuch zum Üben mal angeschaut, aber sofort wieder weggelegt. Ich wußte, wenn ich nicht bestehen würde, hätte ich noch zwei weitere Versuche für die theoretische Führerscheinprüfung in diesem Jahr. Ich ließ es also drauf ankommen und machte meine Kreuze nach Gefühl.

Warum mußte ich besonders auf Motorradfahrer achten? Weil sie zu schnell fuhren, weil sie schwer zu sehen waren, oder weil sie Vorfahrt hatten? Ich machte mein Kreuz bei „schwer zu sehen". Würde ich, wenn ich eine Panne hätte, in der Mitte der Straße halten, auf der rechten Fahrbahn, oder weg von der Straße? Denken die, ich bin doof, oder ist da ein tierischer Trick dahinter? Ich würde machen, daß ich von der Straße komme. Mußten Kinder unter vier Jahren angeschnallt werden 1., wenn es den Eltern beliebt, 2. nur auf der Autobahn oder 3. immer? Eins, zwei oder drei?

Ich war nach etwa 15 Minuten fertig, stellte mich wieder in die Schlange und gab den Fragebogen bei der blonden Dame ab. Sie zeigte auf eine Tafel mit großen und kleinen Buchstaben an der Wand, die ich ihr vorlesen mußte. Das war der Sehtest. Ich wurde in die nächste Schlange geschickt, wo für zehn Dollar ein Foto von mir gemacht wurde. Ich ging zurück zur blonden Dame, die den Fragebogen in der Zwischenzeit korrigiert hatte: 42 Fragen korrekt beantwortet. Damit hatte ich bestanden. Jetzt konnte ich mit einer Person über 18 zwei Monate lang Autofahren üben und dann für die praktische Prüfung wiederkommen. Alles klar. Ich übte eine Woche.

Für die praktische Prüfung benutzte ich Lark's Wagen mit automatischer Gangschaltung. Ich fragte meine Prüferin, ob ich die Schuhe ausziehen dürfte, weil es mir bequemer wäre. Sie hatte nichts dagegen. Dann fuhren wir zweimal um den Häuserblock. Lark hatte mir alles gesagt, worauf es ankam. Den Blick in den Rückspiegel immer

mit einem Blick über die Schulter ergänzen. Den Blinker nicht vergessen. Ich bestand mit 100 von 100 Punkten. Das war's.
In Deutschland ließ ich meine „driver's license" nach einem halben Jahr Fahrpraxis für 65 Mark in einen deutschen Führerschein umwandeln. Zu dieser Zeit ging das noch problemlos, da ich bereits volljährig war. Die Gesetze haben sich jedoch seitdem geändert, und werden ständig um Punkte erweitert oder gekürzt. Wäre ich unter 18 gewesen, hätte sich auch meine Führerscheinprüfung in Kalifornien schwieriger gestaltet. Amerikaner dürfen in den meisten Staaten mit 16 Auto fahren. Wo und wie sie ihre Prüfungen absolvieren, hängt von den Bestimmungen des jeweiligen Staates ab. Manche nehmen es strenger, andere sehr locker, vielerorts können entsprechende Kurse an den High Schools belegt werden. Die Prüfung selbst kostet meistens nicht über zehn Dollar.
Meine Organisation gestattete aus versicherungstechnischen Gründen zwar den Erwerb des Führerscheins, aber nicht dessen anschließende Nutzung, was ich für sehr vernünftig hielt. Aber auch hier gibt es nicht für alle Organisationen einheitliche Bestimmungen.
Meine erste Fahrt in Deutschland trieb mir den Angstschweiß des nahenden Todes auf die Stirn. Ich saß hinterm Steuer und jaulte während der ganzen rasanten Fahrt durch Aachens enge Straßen. Am liebsten hätte ich die Augen zugemacht.

Die Hand in Zement

Die Veranda des Hauses wurde von Stahlpfeilern getragen, die in Zementsockeln standen. Auf jedem Sockel hatte ein Mitglied der Familie eine Hand in den nassen Zement gedrückt und den Namen darunter geschrieben. Ein Sockel war noch frei. Ich durfte einen Beutel Zement anrühren und ihn damit vollmatschen. Ich strich alles glatt und drückte am Ende meine Hand in die Fläche. „Heike" schrieb ich mit einem Stöckchen darunter. Jetzt war ich im Fundament. Ich trug ein Stück des Hauses.

Zwölftes Kapitel

Edelweiß

Dan und Lark kauften einen megagroßen Truck...Edelweiß würde uns einen Monat lang über 6000 Meilen durch die Staaten fahren...

Mein Schuljahr war vorbei und ich hatte mit Zustimmung meiner Eltern und der Organisation beschlossen, den Aufenthalt zu verlängern. Dan und Lark kauften einen megagroßen Truck, dessen Reifen mir bis zu den Oberschenkeln gingen. Er war weiß und hatte ganz viele Lämpchen außen. Dan nannte ihn Edelweiß.

Edelweiß würde uns einen Monat lang über 6000 Meilen durch die Staaten fahren. Von Kalifornien gen Osten nach Nevada und nach Arizona, dem Grand-Canyon-Staat. Dann weiter nach New Mexico mit seinen ewig langen, geraden Straßen und Indianer-Reservoirs. Von dort nur noch ab nach Norden. Durch die Rockies nach Wyo-

ming in den Yellowstone Nationalpark und weiter nach Idaho, den Kartoffel-Staat.
In Washington machten wir eine Pause auf Dans und Larks Stück wildem Land, auf dem ein Bär wohnte, und wo sie hinziehen werden. Der Termin des Umzugs steht noch nicht fest, aber sie wissen, daß er sie an diesen trostreichen Ort führen wird, wo die Nächte friedlich sind, die Tage mild und die Straßen gut geteert. Im kanadischen British Columbia lernte ich franzenglisch sprechen und auf Vancouver Island sah ich mein Traumhaus. Einstöckig und sehr klein, direkt am Meer gelegen. Von Kanada aus fuhren wir an der Küste entlang schließlich wieder nach Süden. Durch die Redwoods, und mit einem kleinen Abstecher zum Lake Tahoe und nach Nevada zurück nach Los Angeles.
Aber das ist eine andere Geschichte, und sie soll ein anderes Mal erzählt werden.

Dann weiter nach New Mexiko mit seinen ewig langen, geraden Straßen und Indianer-Reservoirs. Von dort nur noch ab nach Norden...

Der Tag vor der Abreise

See you, Mom! Take care. And don't forget – I love you all.

Hatten wir das nicht schon mal? Dieses Mal sollte der Abschied allerdings schwerer fallen, als genau vor einem Jahr, als das neblige, kalte Aachen mich ins glühende und flimmernde Amerika schleuderte. Als wir – Dan, Lark, Bonnie, Tom und ich – aus Kanada zurückgekommen waren, da war das wie Heimkehr. Wir haben die Schlafsäkke ins Haus getragen, und ich habe in den Kühlschrank geguckt. Candy wieherte draußen. Sie war ganz schön gewachsen. Der Kukkuck in der Kuckucksuhr hielt uns ein Begrüßungsständchen, und Lark machte Tacos für mich. Ich konnte mir nicht vorstellen, daß ich bald in Deutschland sein würde. Ich nahm meine Bilder von den Wänden und die Bücher aus dem Regal. Ich packte mein Zeug zusammen, das zu allen Seiten aus dem Koffer quoll. Es war ein Schachbrett dazugekommen, etliche Bücher und T-Shirts. Bonnie lehnte im Tür-

rahmen und fragte, ob ich aufgeregt sei, endlich nach Deutschland zurückzukönnen. Das war ich. Ich sagte: „Yes. I am." – „I'm not." sagte Bonnie.
Am letzten Tag ging ich mit Bonnie und Tom zum Cliff. Die Sonne ging immer noch dort unter. Wir feixten herum und riefen zu dritt in den Canyon: „Ich liebe dich", und dreifach schallte es aus dem Canyon zurück. Ich strich Bonnie übers Haar und nahm sie in meine Arme. Zu Hause erwarteten uns die Übriggebliebenen des Club International, Shane mit seiner Freundin, Jason, der andere Jason, Brett, Louie und Melody, Sara, Nicole, Christina, Sam, sie waren alle gekommen, um mich zu verabschieden. Al und Suzanne, Marcia, Steve, Lark und Dan natürlich, sie waren alle da. Wir schauten das Fotoalbum an, das ich als Abschiedsgeschenk für meine Familie zusammengestellt hatte. Jason mixte mir Moose-Milk und umarmte mich zum sechsten Mal, seit ich angekommen war. „Good-Bye, Heika", sagte er, als wir eine Weile alleine zusammensaßen, „my sister from across the ocean".
Die letzte Woche war vorbei, der letzteTag, der letzte Ausritt. Mein letzter Abend war gekommen. Tom hütete das Haus von Freunden, die in Urlaub gefahren waren. Er schlief auch dort. Wir benutzten den CD-Player. In Kanada hatten wir eine CD gekauft mit den Geräuschen von Walen, wenn sie im Ozean singen und sich zärtlich rufen. In der Dunkelheit des frühen Abends war das mir fremde Haus wie das Meer, durch das diese ungewöhnliche Musik mich trug, so als hätte ich kein Gewicht. So, als seien Tom und ich zwei Wale. Die sich über viele Tausende Kilometer hinweg hören können. Die über viele Tausende Kilometer hinweg wissen, du bist es.
Wie schnell das Jahr vergangen war. Wie schnell auch dieser Abend vergangen war. Vielleicht war es der schönste. Sicher war es der traurigste, und nie wieder ist es mir so schwer gefallen, Abschied zu nehmen.

Good old Germany

Zurück in Deutschland überraschte mich der return shock: Ich versteckte im Flugzeug die kurzgeschnittenen Haare unter meinem Westernhut, den ich in Cheyenne beim Rodeo gekauft hatte. Um meinen Hals trug ich das Navaho Indianer-Jagdhorn, das ich meinem Erstvater von meinem Zweitvater schenken sollte. Aber angekommen am Frankfurter Flughafen habe ich nur hilflos mit den Schultern gezuckt: Was soll ich denn jetzt hier? Wie reden die hier überhaupt? Als ich meine Eltern sah, blies ich ins Jagdhorn, aber es kam ein Geräusch heraus wie von einem krepierenden Büffel. Als wäre die Jagd schon vorbei. Dan konnte es blasen, als würden einem gleich die Pfeile um die Ohren surren. Dan. Wo bist du?

Ich schaute die deutschen Straßen an, und das neue Haus, in das meine Eltern umgezogen waren, als ich weg war. Von dem Umzug hatte ich nichts gewußt. Ich war so lange auf Reisen gewesen, und hatte nicht mehr mit meinen Eltern gesprochen. Wir fuhren durch Aachen und im Schneckentempo durch unsere Straße, vorbei an unserem alten Haus, in dem eine Baustelle war, weil Fremde es renovierten. „Wir wohnen nicht mehr da", sagte mein Vater grinsend. Sehr lustig. Er hielt gar nicht erst an, sondern fuhr direkt wieder raus aus unserer Straße zu dem großen fremden Haus, in dem ich von nun an wohnen würde.

In meinem möbellosen neuen Zimmer wachte ich nachts um drei auf und lief barfuß über die kalten Fliesen zu Nils. Ich kroch unter seine Decke und wir redeten den Rest der Nacht. Gegen fünf kamen auch Rosi und Gunnar, die von unserem Lärm aufgewacht waren, und gesellten sich eine Weile zu uns.

Es war so fremd alles. Meine Freunde waren nicht mehr meine Freunde. Wir trafen uns, aber ich hatte mich verändert, und sie waren auch nicht zwölf Monate lang tatenlos gewesen. Ich mußte alles von vorne anfangen.

So, als seien Tom und ich zwei Wale. Die sich über viele Tausende Kilometer hinweg hören können. Die über viele Tausende Kilometer hinweg wissen, du bist es.

Das alles und noch mehr

Als ich im August nach Deutschland zurückkehrte, wußte ich, Amerika ist groß. In Amerika gibt es fast alles, und es ist fast alles möglich. Die Natur ist atemberaubend schön und vielfältig, die zwar kurze Geschichte lebt und vibriert in den Rissen alter Wände. Die Azteken tanzen noch in Fledermaushöhlen und die Indianer mit meterlangem Federnschmuck kämpfen um ihr Land. In Santa Fe steht noch die älteste Kirche Amerikas, und in Albuquerque findet vielleicht jemand so wie ich durch verrückte Zufälle eine seit dem Krieg verschwundene Tante, die von Amerika in eine Buddhistin verwandelt wurde. In der weiten Prärie findest Du vielleicht am Horizont einen Regenbogen und siehst eine Herde von Büffeln Sand und Staub im rasenden Galopp aufwirbeln und darunter verschwinden.
Es saugt Dir in Vegas alles Geld aus den Hosentaschen. Oder es läßt Dich wie Huckleberry Finn in Flüssen baden und in Kanada von Insel zu Insel kreuzen, und auf der Reise wirst Du von einem Seelöwen begleitet. Vielleicht triffst Du jemand, der Dir eine Pistole an den Kopf hält, vielleicht triffst Du aber auch jemand so wie Scott, der die Welt um Dich herum in einen blühenden Garten verwandelt. Wirst Du wie ich in einem Jahr ein ganzes Leben leben? Wirst Du den Traum haben oder den Alptraum – und liegt es bei uns, darüber zu entscheiden?
Amerika ist all das und noch mehr.

Zurück in Deutschland habe auch ich im Rausch einer Party aus einer Marihuana-Pfeife geraucht. Im Gegensatz zu Bill Clinton habe ich meine zwei Züge tief inhaliert. Ich bin stabil und liebe mein Leben. Ich bin voller Energie, die in mir vor sich hinbrodelt, so konnte die Droge dem nichts Gutes hinzufügen. Am Ende hätte die dadurch entstandene Kraft-Explosion mich fast das Leben gekostet. Schlimmer jedoch als der eigentliche Vorfall, ist die Scham vor mir selbst. Aber vielleicht mußte es sein, damit ich Nils verstehe. „Ich will so sein wie ein Pan-

ther", hat er mir gesagt. Ich hatte ja keine Ahnung, wie unermeßlich groß das Geschenk ist, zu jeder Stunde, zu jeder Minute wach sein zu dürfen und klar in allem, was ich tue. Die Dinge sind so schön, weil sie vergänglich sind. Wenn ich meine Hand ausstrecke, dann kann ich sie berühren.
Ich habe vor Allen Ginsberg gesessen und ihn ein Lied singen hören, das man bis in die Unendlichkeit weitersingen kann:
„When you walk: walk. When you sleep: sleep. When you sing: sing. When you cry: cry. When you're awake: be awake..."

Scott und ich sind immer noch Freunde. Nachdem sie unsere Geschichte hörte, hat Tante Mathilde mir ein Ölgemälde geschenkt. Sie hat es nach einer Fotografie gemalt, die Scott auf Catalina Island gemacht hat. Es hängt an meiner Wand und manchmal klettere ich in Gedanken hinein und erlebe alles nochmal. Was für Scott das Fotografieren ist, das ist für mich das Schreiben: Ich habe ihm ein Buch geschrieben und es nur ein einziges Mal drucken lassen.
Und meine Beine? Ich verbrachte zwei Jahre später Weihnachten mit Scott in den Rocky Mountains. Wir wohnten in einem Haus auf einem Berg nicht weit von Vail, wo wir unser Holz zum Heizen selber hacken mußten. Wir hatten kein Telefon und keine Nachbarn meilenweit. Der unberührte Schnee ging mir bis zur Hüfte, und obwohl es oft minus 30 Grad waren, lief ich tagsüber im Sweat-Shirt durch die warme Sonne.
Ich hatte mir in Breckenridge ein Paar Skier geliehen. Es war zu verlockend, um zu widerstehen. Nur noch einmal, dachte ich, dann tue ich es nie wieder. Ich legte die Skier über die Schultern und begann den Aufstieg. Ich war früh am Tage aufgebrochen, aber als ich den Berggipfel erreichte, ging gerade die Sonne unter. Der Schnee leuchtete so rosarot wie der Himmel, als ich mich umdrehte und ins Tal blickte.
Es war ganz still da oben. Nur ich und mein rasender Atem und dann und wann eine Brise, die den Pulverschnee aufwirbelte. Ich hatte den Berg erklommen. Ich ganz allein. So als wollten meine Knie mir sa-

gen: „Siehst du, du kannst alles, du bist gesund, aber du mußt immer dafür dankbar sein." Sicher und heile trugen die Beine mich auf Skiern den Hang hinunter.

Tom und ich haben uns seit meiner Heimkehr nach Deutschland noch zweimal für längere Zeit gesehen. Das zweite Mal haben wir damit verbracht, uns auseinanderzukämpfen. Daß wir uns treffen durften, war großartig, aber wir verfolgten andere Ziele. Schließlich hat er auch unseren Plan wahrgemacht, nach Europa zu ziehen. Jedoch ohne mich. Ich erhielt einen Brief aus Frankreich, in dem er mir viele Fragen stellte, von sich erzählte und sich wünschte, mich zu sehen. Die Daten in seiner Einladung waren präzise, ich fuhr nach Paris und hoffte, ihn dort zu treffen. Ich schrieb und telegraphierte. Ich wartete. Verlängerte meinen Aufenthalt. Kein Anruf, kein Zeichen. Ein verzweifelter Brief, den ich nach meiner Heimkehr an ihn schickte, kam ungeöffnet mit einem roten Stempel zurück: „L'adresse indiqué n'existe pas." Ich weiß bis heute nicht, wo er ist, und warum wir uns nicht getroffen haben.

Heute würde ich vieles anders und besser machen. Aber das kann ich nur darum mit Gewißheit sagen, weil ich es wenigstens einmal falsch gemacht habe. Nachher bin ich immer schlauer. All das war wie ein Satz in der Geschichte meines Lebens. Auf kleine Stücke daraus besinne ich mich jeden Tag. Ich habe lange gebraucht, um zu unterscheiden zwischen Haupt- und Nebensätzen. Manche Worte darin ergeben erst heute Sinn. Wenn ich noch einmal entscheiden müßte, ich würde das Gleiche wieder tun.
Mit diesem Buch mache ich den Punkt am Ende des Satzes. Es ist vorbei. Mich ruft schon das Jetzt, und das Morgen zieht ungeduldig an meinem Ärmel. Vor mir liegen viele Dinge. Wunderbare Menschen warten darauf, kennengelernt zu werden. Neue Bücher wollen geschrieben und gelesen werden. Schon bin ich eingetaucht in ein neues Kapitel.

Ich stütze das Kinn in die Hand und schaue aus dem Fenster. Im Haus gegenüber wird gestritten. Als ich beim zweiten oder dritten Kapitel war, hat der Bewohner mir einmal zugewunken. Heute sieht er mich nicht. Er gestikuliert wild mit den Armen. Es fliegen Sachen zu Boden. Jetzt weine ich ein bißchen. So wie damals.

Danke Bonnie. Danke Lark und Dan. Shane und Jason. Vielen Dank Rosi, Gunnar und Nils. Lieber Tom. Ich danke Euch. Und ich habe Euch alle sehr lieb.
Danke.

RATGEBERTEIL

Ich bin einfach anpassungsfähiger und toleranter geworden und glaube, daß es sehr viel weniger Fremdenhaß geben würde, wenn alle mal eine Zeitlang selber Ausländer wären.

Anne Winkel
ehemalige Austauschschülerin

Das Wichtigste in Kürze

Ein Freund fragte mich, was ich in Amerika gelernt habe. Ich sagte: „So eine große Frage. Wieviel Zeit hast du für die Antwort? Willst du die Kurzversion, oder willst du alles wissen?“ In aller Kürze würde ich die Fülle der Lektionen in einem Satz so zusammenfassen: Was auch immer ich gelernt habe – es war fürs Leben.

Keine Minute wollte ich missen. Zugegeben, der Preis dafür war hoch: Ein Jahr ohne meine Familie, ohne Nils, ohne meine Freunde, die mir die Welt bedeuteten. Und dann kam ich zurück und hatte plötzlich keine Freunde mehr. Ich habe auf Englisch gedacht, weil es so verflucht normal ist, daß man nach einem Jahr in einem Land dessen Sprache verinnerlicht hat, und ich wurde nur dafür angepfiffen: „Jetzt tu doch nicht so, als würde dir das Wort nicht einfallen. Red doch mal deutsch.“

In der Schule verdrehten die Leute die Augen, nannten mich die „blasse Schönheit“, die immer nur von Amerika erzählt. Irgendwann erzählte ich dann überhaupt nicht mehr, weil es weder meine Absicht war, besser zu sein als die anderen, noch Deutschland schlechtzumachen. Aber das verstand kaum einer. Ich war alleine mit meiner Frustration und mit der Zunft der Austauschschüler, die wie ich empfanden. Die Vorbereitung auf Amerika war nicht ausreichend, und ich hätte mich viel besser informieren können und sollen. Aber eine Vorbereitung auf Deutschland hat es überhaupt nicht gegeben, dabei wäre die wahrscheinlich notwendiger gewesen.

Ich war am Ende des Jahres unsagbar glücklich in Kalifornien und hätte eigentlich da bleiben können. Die Houstons waren – und sind – meine Familie. Während des Jahres hat Lark mir mal gesagt, seit ich bei ihnen sei wüßte sie, daß es auf der Welt nicht nur Alta Loma gibt. Umgekehrt ging es mir genauso. Es gibt so viele großartige Menschen. Es gibt so viel zu sehen „da draußen“. Grenzen existieren nur in unseren Köpfen. Deswegen bedauere ich auch den Ausländerhaß in Deutschland und überall auf der Welt. Der einzige bleibende Eindruck aus Gesprächen mit rassistisch denkenden Menschen ist, daß sie alle sehr wenig wissen über diese Ausländer, die sie so zu hassen glauben. Daß sie gar nicht wissen, daß es – egal in welche Richtung sie losziehen – keinen Tag Autofahrt dauert, und sie sind Ausländer.

Ich wünschte, wir würden unseren friedvollen Besuchern den Aufenthalt so schön gestalten, wie Houstons den meinen in Amerika. Ich hatte Anspruch auf ein Bett. Sonst nichts. Ich habe versucht, nicht mehr zu erwarten, damit ich nicht enttäuscht würde. Und am Ende habe ich so viel mehr bekommen. Ich habe auf der ganzen Linie gewonnen. Ein in Deutschland wiederholtes Schuljahr, was bedeutet das? Ich habe statt eines ansehnlichen Abiturzeugnisses ein Adreßbuch voller Telefonnummern. Wenn ich morgen nach Norwegen will, dann weiß ich, wo ich übernachte. Wenn ich meine Lieblings-001-Nummer wähle, dann kann ich sagen „Ich liebe euch." Und mit viel Knacken und Rauschen kommt über Satellit durch den Hörer: „Wir lieben dich auch." Es sind nur Momente, aber sie sind unbezahlbar.

Meine Absicht an dieser Stelle wäre aber nicht erfüllt, wenn ich nur von der Sonnenseite erzählen würde. In dem Buch der Aktion Bildungsinformation (ABI) „Schuljahres-Aufenthalte in USA", das sich nach eigenem Ermessen als „Marktbeobachter" bezeichnet, ist der Brief einer Familie veröffentlicht, deren Tochter Jana offenbar eine furchtbare Zeit in Amerika verbracht hat. „Aus dem amerikanischen Traum kann ein Alptraum werden", und womöglich ist ein Schüler in einer solchen Situation völlig hilf- und ratlos. Die ausgewählte Organisation oder vielleicht auch nur einer ihrer Repräsentanten hatte in diesem Fall – wenn die Dinge sich tatsächlich so begeben haben, wie geschildert – zweifellos Fehler gemacht. Ratten im Haus der Gastfamilie, Hunde, die in der Küche ihr Geschäft erledigten, und ein Repräsentant, der der Schülerin die Schuld für Konflikte gab und darauf bestand, daß sie „wenigstens drei Monate" durchhielt.

Mit dem Image „Unsere Schüler wechseln fast nie die Gastfamilie", sollte sich keine Organisation rühmen. Tatsächlich wechseln ca. 25 Prozent der Schüler einmal die Familie – oder würden sie wechseln, wenn sie könnten, und das ist auch gut so. Den Fall von Jana relativierend muß jedoch klar sein, daß so etwas allen passieren kann. Mit jeder Organisation. Deswegen muß sie nicht unbedingt schlechter sein. Für jemand anders wären vielleicht genau diese Zustände das,

was er sich immer gewünscht hat. „Ein Hund der in die Küche macht, das ist doch originell, und es stört mich überhaupt nicht", könnte er sagen. (Unser Hund Tramp war übrigens auch nicht stubenrein. Einmal hat er genau vor meinem Bett gemacht, als wir vergessen hatten, die Veranda-Türe zu schließen.) Drei Monate Eingewöhnungszeit kommt auch ungefähr hin. Hätten sich meine Streitigkeiten mit Bonnie in der unsichereren Anfangsphase des Jahres begeben, dann wäre es vielleicht nicht schlecht gewesen, hätte Marcia gesagt: „Heike, versuch drei Monate durchzuhalten", und es wäre gutgegangen.
In dieser Sache ein allgemeingültiges Urteil zu fällen, halte ich für unmöglich. Richtig für einen Marktbeobachter hätte ich auch gefunden, wenn er diesen einseitigen und subjektiven Bericht relativierend, einen Brief der Organisation veröffentlicht hätte, in der sie ihre Version der Geschichte schildert. Denn – ohne mich weiter auf Janas traurige Geschichte festzubeißen – nicht alle Fehler liegen bei dem Veranstalter. Ich habe mit der Leiterin von Janas Organisation ein sehr ausführliches und persönliches Gespräch geführt, und die Wahrheit ist und bleibt: There are two sides to every story.

Don't believe anything being said about a person
before you have talked to that person face to face.

Michael Jackson

Jeder, der ein Austauschjahr plant, sollte sich **vorher** sehr sorgfältig informieren, und sich erst entscheiden, wenn letzte Zweifel über die ausgewählte Organisation und über die eigene Persönlichkeit beseitigt sind. Ein Mädchen aus Jugoslawien, das auf die gleiche Schule ging wie ich, wußte, sie wäre am besten niemals Austauschschülerin geworden. Sie wohnte in meiner Straße. Ihre Gastfamilie war genauso reich wie meine, und sie hatte mit Marcia die gleiche Repräsentantin wie ich, und trotzdem war sie zehn Monate lang sterbensunglücklich im sonnigen Kalifornien. Das Traurige an ihrer Geschichte ist, daß sie es vorher hätte wissen können. Ihr und allen anderen wäre damit viel Ärger erspart geblieben. Irgendwann hat es einfach nur noch genervt, wenn sie über Amerika geschimpft hat. Die breiten Straßen, anders als Belgrad, keine Busse so wie in Belgrad, fettige Hamburger, keine Freunde aus Belgrad. „Warum fährst du nicht nach Hause, wenn alles so ätzend ist?" habe ich sie gefragt. „Zu teuer", war ihre Antwort. Immerhin hatte sie viel Geld bezahlt für das Schuljahr. Jetzt wollte sie auch gefälligst etwas dafür bekommen. Kein Wunder, daß eines Tages ein Schüler, der sie hatte reden hören, sagte: „Forget Yugoslavia." Da war es dann fast zu spät, um zu relativieren. Vielleicht hatte sie sich auch von Texten wie „nicht zögern – jetzt bewerben" irritieren lassen. Was auch immer es war, ihre Entscheidung war falsch.

Das größte Mißverständnis ist es zu glauben, das Gastland sei genauso oder ähnlich wie Deutschland, nur halt ein bißchen amerikanischer, französischer oder japanischer. Tatsächlich sind die Unterschiede gravierend, und auf Ähnlichkeiten zu bauen hat wenig Sinn, weil sie als Selbstverständlichkeit hingenommen kaum auffallen werden. Natürlich gibt es Parallelen, aber ratsamer ist es, sich auf vielfältige Andersartigkeit einzustellen und diese bereitwillig zu akzeptieren.

Ein Ziel des Aufenthalts ist es, etwas vollkommen anderes zu tun und zu erleben als das bisher Gewohnte. Wenn nun die Gastfamilie jeden Tag Sushi ißt, sollte man unter allen Umständen versuchen, sich nicht von dieser Tätigkeit abzugrenzen. Wer erwartet, daß alles so ist wie zu Hause, der sollte nicht wegfahren. Auch jene, die aus meinen sehr persönlichen Geschichten schließen, auch sie müßten in Kalifornien landen, und nur dort könnte ein Austauschjahr schick sein, haben mich mißverstanden. In Kalifornien ist genauso ein schlechtes Jahr möglich, wie in Nebraska eine fantastische Zeit verbracht werden kann. Auch in der Familienzusammenstellung ist alles möglich: Das hamburgeressende und TV-schauende Trucker-Ehepaar oder die alleinerziehende Mutter sind keineswegs Ausnahmen. Finanzielle oder intellektuelle Unterschiede bedeuten aber keineswegs weniger Gastfreundschaft oder weniger Sensibilität im Umgang mit Dir.

Zunächst muß man sich über seine Persönlichkeit im Klaren sein. Dann sollten Schüler und insbesondere Eltern die Durchführung der Reise vorsichtig planen. Bei der Auswahl einer Organisation darf möglichst nicht der Tiefpreis siegen. Vergessen Sie nicht: Sie kaufen

keinen Pullover, sondern ein Stück Leben. Qualität sollte sich kompromißlos durchsetzen. Einige der Programme unterscheiden sich wesentlich voneinander, und, die individuellen Ansprüche abwägend, sollten sie miteinander verglichen und auf eventuelle Ungereimtheiten abgetastet werden. Wenn ihr Kind z. B. blind ist oder Diabetiker, erkundigen Sie sich nach einem entsprechenden Programm oder besonderer Fürsorge. Es gibt viele Besonderheiten: Über GLS kann neben den üblichen Sprach- und Schulreisen ein Programm für arbeitslose junge Erwachsene durchgeführt werden. Im Parlamentarischen Patenschaftsprogramm werden ausschließlich Vollstipendien vergeben, und AFS verfügt als älteste existierende Organisation über die längste Erfahrung. Mit dem ICJA kann man auch Sozialarbeit verrichten, und ASSIST schickt seine Teilnehmer auf Internate und Privatschulen. Kompaß ist dieses Jahr zu der kleinen Gruppe von Organisationen hinzugestoßen, die Nachbereitungstreffen veranstalten, und so weiter.
Bitte mißverstehen Sie erwähnte Namen nicht als Empfehlung oder umgekehrt als Warnung. Ich gehe vom guten Willen auf Seiten des Veranstalters aus. So wie es bei jedem Schüler etwas gibt, was ihn einzigartig macht (was ist es bei Dir/bei Ihnen?), so wird jede Organisation etwas haben, was sie von allen anderen abhebt. Ob das im einzelnen als positiv oder negativ bewertet wird, liegt in unserem eigenen Ermessen. Grundsätzlich ist mit jeder Organisation eine gute Reise möglich und ebenso eine schlechte. Die Palette der möglichen Situationen, in die man im Ausland hineingeraten kann, ist schier endlos. Am Ende wird es zumeist die Flexibiltät und Lebenseinstellung des Schülers sein, wie angenehm er sich das Leben gestaltet. Man kann hier jedoch die Voraussetzungen optimieren.
Viele der Anbieter sind ausgesprochen vielseitig und bemühen sich sehr um ihre Schüler. Suchen Sie danach! Einem der vielen Prospekte entnehme ich, daß die Schüler ungesehen in das Programm aufgenommen werden. „Wir gehen davon aus, daß Du und Deine Eltern es sich wohl überlegen werden, bevor ihr Deine Anmeldung an uns abschickt“, so lese ich. Nach welchen Maßstäben soll die Familie denn urteilen, wenn sie „wohl überlegen“? Ich finde es naiv anzunehmen, jeder wüßte von vorneherein genau über alles Bescheid, und ein persönliches Interview halte ich für eine wichtige Möglichkeit – abgese-

hen von Vorbereitungstreffen, Workshops und Seminaren – die Schüler kennenzulernen. Die Bewerbungs-, Vorbereitungs- und Nachbereitungsgespräche dienen dem Schüler und seinen Eltern. Aber natürlich kann viel Geld und Mühe gespart werden, wenn man sie wegläßt. Abgesehen von der Einschätzung der Persönlichkeit eines Schülers und damit – so doof es klingen mag – seiner „Eignung“ als Austauschschüler, müssen auch von der Organisation bestimmte Dinge geklärt werden. Und zwar vor verbindlicher Aufnahme in das Programm. Eine wichtige Frage betrifft die Versicherungen. Was genau ist in den Paketen enthalten? Oft müssen Augen- und Zahnarztbehandlungen privat bezahlt werden. Alle anderen Rechnungen werden vom Schüler zumeist vorgestreckt und später zurückerstattet. Auch muß auf Notsituationen vorbereitet werden. Einfach wird der Austausch sowieso nicht. Aber er kann auch richtig schlimm werden. Was mache ich, wenn ich unvorhersehbar in einer grausamen Familie lande? An wen kann ich mich im Notfall wenden? Wer ist mein Betreuer? Die sofortige Hilfe bei Problemen muß garantiert sein.

Ob im Anschluß an den Austausch ein Schuljahr übersprungen werden kann, ist in der deutschen Schule zu erfragen. In den meisten Fällen ist es jedoch nicht möglich. Das amerikanische Abschlußdiplom entspricht nicht dem deutschen Abitur und ist in Deutschland akademisch wertlos. Es sollte daher niemand enttäuscht sein, wenn die Schule im Ausland den Schüler trotz bester Noten niedriger einstuft und die Graduation nicht gestattet.

Den amerikanischen Führerschein kann man unter Umständen erlangen, wenn die Organisationen im Heimat- und im Gastland es gestatten, und wenn obendrein Möglichkeiten zur Absolvierung der nötigen Prüfungen gegeben sind. Das anschließende Fahren kann aus versicherungstechnischen Gründen nicht erlaubt werden. In Deutschland kann der Führerschein unter bestimmten Bedingungen bei Volljährigkeit umgeschrieben werden. Es gelten jedoch in den Bundesländern unterschiedliche Gesetze, die ständig um Punkte ergänzt und gekürzt werden. Inzwischen wird auf eine theoretische Nachprüfung fast immer bestanden. Auch muß der Schüler nachweisen können, daß er mindestens sechs Monate in den USA gelebt hat. Über die geltenden Gesetze kann der ADAC Sie informieren.

Heikes Fragebogen

Hier sind ein paar von mir kommentierte Fragen, die man sich meiner Meinung nach auf jeden Fall stellen sollte, bevor man Austauschschüler wird. Der eine oder andere wird feststellen, daß er vielleicht doch nicht wegfahren sollte oder nicht so lange. Jemand anders mag sich endlich bewußt werden, daß es „alles halb so wild“ ist, die Koffer packen und aufbrechen. Viele meiner Ideen sind reine Hypothese. Die Firmennamen sind unter vielen anderen herausgegriffene Einzelbeispiele. Über die kritischen Passagen habe ich die Betroffenen in Kenntnis gesetzt und deren Stellungnahmen berücksichtigt.

Wenn Du eine der Fragen nicht positiv mit „ja“ beantworten kannst, solltest Du abwägen, welche Konsequenzen das „Nein“ für Dich hat. Ich gehe oft vom Schlimmeren aus, aber es ist besser, weniger zu erwarten als zu viel. Dann kann man nur freudig überrascht werden, und wenn es nicht so toll wird, dann wird es eben nicht so toll – doch dann bist Du darauf gefaßt.

________ **Beherrsche ich die Sprache des Landes meiner Wahl?**

(Amerika dürfte hinsichtlich der Sprache kein großes Problem für die meisten sein, aber wenn Du nach Japan oder nach Brasilien möchtest, solltest Du auf jeden Fall vorher intensive Sprachkurse besuchen. Ich habe mich auch mit der Geschichte und der Kultur meines Wahllandes lange beschäftigt, was viele Irrtümer aufgeklärt und mich später vor Mißverständnissen bewahrt hat.)

________ **Kann ich eine lange Zeit, die sich unter Umständen wie eine Ewigkeit anfühlt, ohne meine Familie leben? Kann ich meine Freunde missen?**

(Mein Leben funktioniert am besten, wenn ich mich 100 Prozent auf mein Jetzt einlasse. Wenn ich nicht um die Dinge traurig bin, die mir fehlen, sondern mich an denen freue, die ich habe. Darunter waren in Amerika die neuen Freunde.)

Bin ich selbständig und kreativ genug, um mich alleine zu beschäftigen?

(In den meisten Städten Nord-Amerikas gibt es kein öffentliches Transportsystem. Die Gasteltern sind vielleicht ganztägig berufstätig, und autofahren darfst Du aus versicherungstechnischen Gründen nicht. Du kennst niemanden und wohnst auf einer Farm mitten in der Prärie, könntest also auch niemanden kennenlernen – jetzt brauchst Du Kreativität. Und niemand wird Dir dabei helfen. Daß keine Langeweile aufkommt, kann niemand garantieren, und von Deiner Gastfamilie kannst Du nicht erwarten, daß sie sich ständig um Dich kümmert.)

Bin ich offen, tolerant, anpassungsfähig und kontaktfreudig?

(Sich anzupassen, bedeutet nicht, seine Persönlichkeit aufzugeben. Zwei rechte Hände – die eine ist lila, die andere orange – wollen sich schütteln. Die eine ist aber zur Faust zusammengerollt, weil sie gehört hat, lila sei abfärbend. Soviel die andere auch versucht, die Faust zu öffnen, sie bleibt eingerollt. Die lilane müßte monsterstark sein, um sie zu öffnen, aber das wäre nicht gut, weil es vielleicht gegen ihren Willen wäre. Die Faust muß schon selbst darauf kommen, daß es o. k. ist, die andere zu berühren. Endlich öffnet sie sich, und die formgleichen Hände können einander umfassen an den Stellen, an denen sie ineinanderpassen.)

Kann ich Konflikte eigenständig lösen?

(Das magische Wort – immer wieder und überall – zur Verständigung miteinander und zum Verständnis füreinander, heißt „Kommunikation“. Der erste Gesprächspartner sollte immer die betroffene Person sein.

An nächster Stelle kommt der Repräsentant, soweit er ansprechbar ist. Dann erst kommen Freunde. Anrufe zu Hause in Deutschland sollten möglichst vermieden werden. Der Gastvater eines Schülers war HIV-positiv. Der Schüler war dadurch nicht benachteiligt oder gefährdet. Als seine Mutter davon erfuhr, hat sie mich angerufen und aufgesucht, ganz verzweifelt, was sie nur tun könnte. Über diese Distanz hatte die Geschichte ein ganz anderes Gesicht, und die Mutter war allein mit der Hilflosigkeit, ihrem Sohn nicht „helfen" zu können, obwohl dieser offensichtlich gar keine Hilfe wollte und brauchte. Als die Organisation eingeschaltet wurde, hatte der Junge alle Probleme bereits selbst gelöst.)

________ **Bin ich glücklich?**
(Wenn du nur weg willst, weil du in Deutschland mit deiner Familie und „überhaupt und grundsätzlich" unglücklich bist und glaubst, daß woanders alles besser wird – vergiß es! Glück ist nicht in der Ferne, behaupte ich. Du kannst es nur in Dir finden.)

________ **Wenn ich denke, ich kriege eine tolle Familie mit einem tollen Haus in den Bergen so wie die Heike, und plötzlich teile ich ein Zimmer mit zwei plärrenden Babies und alles, was ich habe, ist ein eigenes Bett (denn nur darauf habe ich Anspruch), kann ich das akzeptieren?**
(„Akzeptieren" ist untertrieben. Ich finde sogar, Du solltest dafür dankbar sein. Die Gastfreundschaft ist wichtig, nicht der soziale Status einer Familie. Immer wieder gilt: Ansprüche auf zero herunterschrauben!)

________ **Bin ich mir darüber klar, daß es durchaus möglich ist, daß ich bei einer Familie anderer Hautfarbe oder Religion untergebracht werde?**
(Ich habe die Pauschal-Geschichten über „das konservative und prüde Amerika" ja so satt. Ein einziger Gast-

schüler erzählt von einer religiös überbelasteten Stadt in Tennessee, und etliche nachwachsende Austauschschüler nehmen seine Geschichte für bare Münze. Jeden Sonntag drei Stunden Kirche, ein schlechtes Verhältnis mit den Gasteltern, wenn man nicht daran teilnimmt usw. Natürlich <u>kann</u> es so sein – es ist sogar wahrscheinlich – aber die Behauptung der Allgemeingültigkeit schreit doch nach Paroli: In meiner Gastfamilie war ich die einzige, die mit absoluter Regelmäßigkeit jeden Sonntag in die Kirche ging. Vor dem Essen gebetet habe ICH. Mich hat weder jemand gezwungen, noch war es mir in irgendeiner Weise unangenehm oder peinlich. Glaube ist eine sehr persönliche Angelegenheit. Wenn es Menschen gibt, die sich in Deinen Glauben einmischen, so sei Du umgekehrt nicht so einfältig, das Gleiche zu tun.)

________ **Kann ich die Andersartigkeit akzeptieren?**
(Ich fragte eine zukünftige Schülerin, ob sie schon ihre Adresse drüben wüßte. Sie sagte: „Ja", und mit hochgezogenem Mundwinkel und gerümpfter Nase – als wollte sie sagen „du weißt schon" – fügte sie an: „Ja. Aber es sind Schwarze." Sie hatte noch nicht erkannt, wie viele Chancen darin lagen, sonst hätte sie sich bestimmt gefreut. Wahrscheinlich war sie erstaunt, als ich ihr vorschlug, sie sollte noch einmal über sich nachdenken.)

________ **Weiß ich, daß es (höchstwahrscheinlich) Gastfreundschaft ist, die eine Familie dazu bewegt, mich aufzunehmen? Respektiere ich sowohl das einladende Land als auch die Familie für diese Großherzigkeit?**
(Die Familien werden für die Aufnahme eines Gastschülers nicht bezahlt. Es mag einige geben, die deshalb denken, sie dürften besondere Ansprüche indirekter Rückzahlung erheben. Sie bürden besonders viele

Pflichten im Haushalt auf oder lassen den Schüler babysitten. Das ist jedoch die Ausnahme. In diesem Fall kann man überlegen, ob ein Gespräch – oder mehrere – die Situation verbessert, oder ob es einfacher wäre, die Familie zu wechseln. Normalerweise ist es aber Gastfreundschaft und Neugierde, die eine Familie dazu bewegt, einen Schüler aufzunehmen.)

________ **Kann ich mich diplomatisch zurückhalten, auch wenn ich mit einer Sache nicht einverstanden bin?**
(Als Dan die amerikanische Flagge vor dem Haus hißte, habe ich gedacht: „Die spinnen, die Amis!" Gesagt habe ich es nicht. Es hätte keinem von uns etwas gebracht. Zugegeben – es ist schwer, die Grenzen zwischen Ehrlichkeit und Diplomatie festzulegen: Oft kann man Widerspruch durch den „richtigen" Zeitpunkt oder den Tonfall freundlicher gestalten.)

________ **Kann ich auf „Amerikaner- (Franzosen-, Japaner-, Deutsche-...) sind-Sätze" verzichten?**
(„Generalisierungen sind hilfreich, aber man muß in der Lage sein, sie jederzeit für eine neue Erkenntnis fallen zu lassen." Ernst-Peter Schneck, GLS)

________ **Die Geschichte von Heikes Regelbruch und Stubenarrest ist nur ein Beispiel für zahllose Situationen, in die man hineingeraten kann. Bin ich bereit, <u>alle</u> Spielregeln der Gastfamilie einzuhalten?**
(Ich habe die Regeln gebrochen und hätte pünktlich heimkehren müssen. Daß Lark und Dan mich nicht rausgeschmissen haben, ist ein Wunder. Ich habe zwar über den Hausarrest geschimpft, aber es ist logisch, daß Regeln immer an Konsequenzen gebunden sind. Auch unausgesprochene, für die ein Bewußtsein entwickelt werden muß.)

____________ **Bin ich bereit, die Gesetze des Landes, in das ich reise, zu respektieren und einzuhalten?**
(Ein Gesetz von vielen in Amerika verbietet das Stehlen. Es gibt immer wieder Austauschschüler, die es trotzdem tun. Ein Fall wurde mir geschildert von einem Jungen, der erwischt wurde, als er Süßigkeiten im Wert von 7 Dollar aus einem Supermarkt mitgehen ließ. Direkt neben dem Laden war seine Bank, auf der er ein Konto mit 500 Dollar eingerichtet hatte. Geholfen hat es ihm nichts. Er wurde umgehend nach Deutschland zurückgeschickt.)

____________ **Habe ich mich gründlich informiert und recherchiert?**
(Zum Beispiel, indem Du mit ehemaligen Austauschschülern gesprochen und Infos von möglichst vielen, wenn nicht allen Veranstaltern angefordert hast. Suche zu allen Geschichten, die man Dir erzählt – auch zu meinen – eine oder mehrere weitere Versionen. Manche Firmen schicken tränenrührende Empfehlungsschreiben mit. Mag stimmen. Aber wer würde Gerichtsbescheide versenden?)

____________ **Wenn ich mit einer Organisation reisen will, habe ich diejenige ausgewählt, die meine Bedürfnisse erfüllt?**
(Dafür mußt Du natürlich erst mal Deine Bedürfnisse kennen. Du könntest Dir Stichwortlisten machen, auf denen Du Fragen wie diese beantwortest: Was will ich? Was davon habe ich? Was davon fehlt mir? Worauf will ich auf keinen Fall verzichten?)

____________ **Ist ihr Service gut?**
(Einmal wollte die stellvertretende Geschäftsführerin eines Austauschdienstes erst gar keine Broschüren zuschicken. „Was meinen sie, was das kostet, wenn wir jedem unsere Unterlagen schicken?" Mit dem Geschäfts-

führer könnte ich nicht sprechen, und der sei sowieso noch viel strenger. Ich schlug vor ihre Adresse in meinem Buch nicht zu erwähnen, damit sie nicht zu viele Anfragen für Informationen bekämen. Sie hat mir dann aber doch etwas geschickt. Darunter war ein Fragebogen, in dem ich „uneingeschränkt mit ja" antworten sollte, um den hohen Anforderungen gerecht zu werden. Eine Frage lautete: „Inwieweit bin ich charakterlich so gefestigt, daß ich mit Problemen fertig werde?" oder auch „Wie steht es mit meiner Integrationsfähigkeit in den Familien- und Schulalltag?" Ich würde sagen – ja.)

Sind alle Aussagen der Organisation eindeutig?

(„Was sich sagen läßt, läßt sich klar sagen, und worüber man nicht sprechen kann, darüber muß man schweigen." Ludwig Wittgenstein.

Im Prospekt von EF lese ich „Dein EF-Betreuer wohnt in Deiner Nähe". Doch was bedeutet Nähe? Eher 5 oder eher 100 Meilen? Es muß allen Organisationen möglich sein, den Schüler von Anfang an mit verbindlichen, klaren Aussagen zu bedienen. Sonst sind Sätze wie diese überflüssig. Oft höre ich auch Versprechen wie dieses: „In den USA kannst Du sogar Driver's Education wählen und Deinen amerikanischen Führerschein machen." – Das ist die absolute Wahrheit. Du kannst auch in Deutschland Bundeskanzler werden. Zusagen – egal welcher Art – garantieren selbstredend weder ein gutes noch ein schlechtes Austauschjahr.

Im Prospekt von Hardt-Forum lese ich: „Wenn Du die 12. Klasse besuchst, kannst Du das High-School-Diploma erwerben." Diese Behauptung kann nicht uneingeschränkt gelten. Die Veranstalter haben keinen Einfluß auf die Regelungen der US-amerikanischen High School. Ob der Schüler für den Erwerb des Diplomas – selbst bei Besuch der 12. Klasse – zugelassen wird oder nicht, ist ausschließlich die Entscheidung der Schule.)

Habe ich alle Zweifel beseitigt?

(Wenn nicht, versuche, sie zu ergründen. Wenn es Informationen sind, die Dir fehlen: frage! Und laß nicht lokker, bis Du eine Antwort hast. Dumme Fragen gibt es nicht, und insbesondere die Organisationen werden unter anderem dafür bezahlt, daß sie Dir antworten. Es gibt da zum Beispiel den Haken mit der Gemeinnützigkeit: Einige Organisationen in Deutschland arbeiten nicht-kommerziell. Andere sagen zwar, daß sie gemeinnützig sind. Aber es ist gelogen. Dies läßt sich einfach überprüfen: Eine als gemeinnützig anerkannte Organisation erhält vom Finanzamt einen Körperschaftsteuer-Freistellungsbescheid. Eine Kopie davon wird der ehrliche Veranstalter auf Anfrage kommentarlos zuschicken. Im übrigen wird die Auswahl der Gastfamilie oder Schule auf Seiten der ausländischen Partnerorganisation durch die Gemeinnützigkeit auf deutscher Seite nicht sorgfältiger. Die GmbH ist nach dem kommentierten Gesetzbuch von Baumbach-Hueck für ideelle Zwecke „wichtig und sinnvoll“. Deshalb sollte man sich bei der Entscheidung für einen Veranstalter nicht von Titeln, sondern von der Qualität des angebotenen Programms leiten lassen.)

Sind die Regeln, die die Organisation aufstellt, o. k. für mich? Kann ich mich bedingungslos daran halten, sobald ich mich beim Eintritt in das Programm damit einverstanden erklärt habe?

(Etwas, worauf Du sicher immer stoßen wirst, ist das Verbot, Drogen zu nehmen. Dein allerbester neuer Freund kommt zwischen der Englisch- und der Mathe-Stunde zu Dir und sagt: „Gleich in der Pause gehen wir hinter die Turnhalle, den fantastischsten Joint rauchen, den man in ganz Amerika kriegen kann. Du bist natürlich dabei.“ Sei auf Situationen wie diese vorbereitet. Überlege Dir jetzt schon Deine Antwort, bzw. werde Dir über Deinen Standpunkt klar. Auch wenn Du eine andere Moral in dieser Sache hast, und Dich trotzdem eine Organisation in ihr Programm aufgenommen hat, bedenke, daß man Dich nach Hause schickt, wenn Du erwischt wirst. Zehn Minuten High und dann Year Over.)

_________ **Weiß ich, daß ich nicht autofahren darf?**
(Die Organisation kann darüber entscheiden, ob der Schüler den Führerschein grundsätzlich machen darf. Die letzte Instanz ist aber die Gastfamilie und die Partnerorganisation im Austauschland. Das Autofahren in Amerika nach erfolgreicher Führerscheinprüfung darf Austauschschülern nicht gestattet werden.)

_________ **Wenn ich es überhaupt nicht mehr aushalte, gibt meine Organisation mir die Möglichkeit, die Familie (mehrmals) zu wechseln? Kann ich zur Not wieder nach Hause?**
(Wenn Du auch nach Monaten vor Heimweh fast eingehst oder aus anderen Gründen nicht zurechtkommst, solltest Du Dich nicht herumquälen, sondern heimkehren.)

_________ **Kenne ich meine Rechte?**
(Alle Verträge, die Du schließt, solltest Du bis ins kleinste Kleingedruckte überprüfen. Nimm Dir für alle Entscheidungen die Zeit, die Du brauchst. Rede mit anderen darüber. Frage zur Not einen Rechtsanwalt. Ein einziger Fehler könnte am Ende viel Geld kosten. Achte auf unbegrenzte Krankenversicherungen u. ä.)

_________ **Wenn ich Raucher bin, habe ich in der Bewerbung mein Kreuzchen bei „Raucher" gemacht?**
(Das jugoslawische Mädchen war Kettenraucherin. Aus Angst vor ihrem strengen Vater, der davon nicht wußte, dessen Zensur aber die Bewerbung unterlag, hatte sie „Nichtraucher" angekreuzt und einer Nichtraucherfamilie das Leben zur Hölle gemacht. Tu Dir selbst und anderen den Gefallen und sei ehrlich.)

Wählt die Organisation ihre Schüler vorsichtig aus? Finden persönliche Gespräche mit Schülern und Eltern statt?

(Ein Schüler, der bei einer Organisation begründet abgelehnt wurde, kam in einem anderen Programm unter, nachdem sein Vater lediglich ein Telefoninterview gegeben hatte. Mit dem Jungen wurde zur Bestätigung der erfolgreichen Bewerbung überhaupt nicht gesprochen. Organisationen, die ihre Schüler so auswählen, „verteilen" wahrscheinlich Gastfamilien nach ähnlichen Kriterien.)

Ist die Organisation so aufgebaut, daß sie ihr Programm überschauen kann?

(Ein Reise-Unternehmen hat Werbung für Sprachreisen im Fernsehen geschaltet. Die gleiche Firma gibt mir schriftlich, daß sie nicht gewinnorientiert arbeitet. Wie sind da die Relationen? Theoretisch müßten ja Millionen in den der Werbung entsprechenden Auslandsaufenthalt investiert werden, wenn bei Schüler-Hundertschaften kein Gewinn herauskommen soll. Werbung finde ich aber grundsätzlich o. k. In Amerika sagt man dazu „Advertisment is the right to choose". Auch die Größe der Organisation muß nicht bedeuten, daß sie besser oder schlechter arbeitet, wenn sie so konzipiert ist, daß sie eine optimale Betreuung der Schüler gewährleistet.)

Werden Vorbereitungstreffen veranstaltet?

(„Amerika ist das Leben schlechthin. Da kann alles passieren über die Scheidung der Gasteltern bis zum Tod des Gastvaters", sagte mir Thomas Frick von Eurovacances. Er hat recht! Viele Organisationen beschränken sich auf die Sonnenseite ihres Programms – logisch: Für Schicksalsschläge kann man niemand belangen. Dabei muß auch auf alles andere vorbereitet werden. Und zwar Klartext.)

…und Nachbereitungstreffen?

(Bei der Ankunft in Amerika fühlte ich mich, als wäre ich aus einem Hubschrauber herausgeschubst worden in einen riesigen Kübel voll mit kaltem Wasser. Ich bin herausgepaddelt. Aber zurück in Deutschland – dazu fällt mir überhaupt kein Bild mehr ein, so entsetzlich habe ich mich gefühlt. Viele haben kein Problem damit. Für mich aber wäre ein Nachbereitungstreffen sehr nötig gewesen. Endgültig nach Deutschland zurückgekehrt bin ich erst Jahre später, als ich den letzten Satz auf Seite 156 dieses Buchs geschrieben hatte.)

Habe ich alle Fragen ehrlich beantwortet?

Adressen und Infos

Die Adressen der Austauschorganisationen und anderer Anbieter mit Kurzinfos aufgelistet in alphabetischer Reihenfolge und ohne Anspruch auf Vollständigkeit. Auf die Angabe der Rechtsform habe ich verzichtet, weil diese für die Wahl der Organisation nicht unbedingt ausschlaggebend sein sollte. Die Daten entsprechen den von den Organisationen in Prospekten, Gesprächen und Briefen gegebenen Informationen:

AFS Interkulturelle Begegnungen
Friedensalle 48
22765 Hamburg
Postfach 500142, 22701 Hamburg
Tel.: (0 40) 3 90 98 00
16–18jährige Schüler(innen). Teilstipendien möglich.

AMS TOURS Sprach- und Reisedienst
Nachtigallenweg 28
74906 Bad Rappenau
Tel.: (0 72 64) 70 81
USA: 15–18jährige Schüler(innen). Außerdem Farmprogramme und Sprachferien für Jugendliche und junge Erwachsene bis 30 Jahre.

ASPECT
Generalvertretung für Deutschland Annette Drews
Blumenthalstraße 35
49076 Osnabrück
Tel.: (05 41) 4 77 21
USA: 15–18jährige Schüler(innen). Außerdem Community College, Campus- und Internatsprogramme.

ASSIST
American Secondary Schools for International Students
Thomas-Mann-Straße 7
51503 Rösrath
Tel.: (0 22 05) 8 82 32
USA: 16–18 Schüler(innen). Vermittelt Stipendien für amerikanische Privatschulen.

AYUSA international
Breitwiesenstraße 6
70565 Stuttgart
Tel.: (07 11) 7 80 10 70
USA: 15–18jährige Schüler(innen). Stipendien möglich. Außerdem Japanprogramme und Au-Pair-Aufenthalte in den USA.

BJR
Bayerischer Jugendring
Abteilung Internationaler Jugendaustausch
Herzog-Heinrich-Straße 7
80336 München
Postfach 200518, 80005 München
Tel (0 89) 5 14 58-48
USA: Schüler(innen) mit Wohnsitz in Bayern, die im laufenden Schuljahr die 9. und 10. Klasse besuchen. Das Programm beruht auf Gegenseitigkeit. Dauer des Aufenthalts jeweils ca. zwei Monate.

CAMPS
Ferien- und Ausbildungsprogramme
Hafenstraße 28
22880 Wedel
Postfach 1351, 22872 Wedel
Tel.: (0 41 03) 1 79 75
Australien, Kanada, USA: 15–18jährige Schüler(innen). Außerdem Sprachreisen und City-Hopping Trips.

Carl Duisberg Gesellschaft
Lützowufer 6
10785 Berlin
Tel.: (0 30) 25 48 20
Insbesondere Studenten und junge Berufstätige. Berufspraktika, Community Colleges.

CIEE
Council on International Educational Exchange
Hagenauer Straße 1
10435 Berlin
Tel.: (02 28) 65 97 46
Deutsche Tochter von CIEE in New York. Insbesondere Studenten, z. B. Summer Sessions an der UCLA.

DASG
Deutsch-Amerikanische Studiengesellschaft
Pappelweg 1
89275 Elchingen
Tel.: (0 73 08) 20 03
USA: 15-18jährige Schüler(innen). Stipendien möglich.

Deutsch Amerikanischer Wissenschaftsaustausch
Ihnestraße 24
14195 Berlin
Tel.: (0 30) 8 31 38 20
Für Studenten.

Deutscher Bundestag: Parlamentarisches Patenschaftsprogramm
Verwaltung Referat PB 4
53113 Bonn
USA: 16–17jährige Schüler(innen), 16–21jährige junge Berufstätige. Die Kosten werden vom Deutschen Bundestag und vom Kongreß der USA übernommen. Das Taschengeld ist selbst aufzubringen.

Douglas Schüleraustausch
Ostlandstraße 14
50858 Köln
Tel.: (02 2 34) 7 90 82
USA, Kanada: 15–17jährige Schüler(innen). Stipendien möglich.
Vermittelt auch Schüler an private High Schools.

EAD
Europäischer Austauschdienst
Mainzer Landstraße 90
60327 Frankfurt a.M.
Tel.: (0 69) 74 61 54
USA, Großbritannien, Frankreich: 15–17jährige Jugendliche.
Außerdem Schulpartnerschaften USA–BRD.

EEI
Educational Exchange International
Raderthalgürtel 3
50968 Köln
Tel.: (02 21) 38 03 44

USA, Neuseeland, Israel, europäische Länder: 14–18jährige Teilnehmer (innen). Förderungen und Zuschüsse möglich. Außerdem Sprachreisen und Lehreraustausch.

EF Sprachreisen
Bleichenbrücke 10
20354 Hamburg
Tel.: (040) 35 09 58 10
USA, Kanada, Australien, Neuseeland: 15–18jährige Schüler(innen). Stipendien möglich. Außerdem College-Programm, Sprachreisen und -kurse, Au-Pair-Aufenthalte.

ESI
Sprach- und Studienreisen
Hauptstraße 118
53474 Bad Neuenahr
Tel.: (0 26 41) 23 31
USA, Australien: 15–18jährige Schüler(innen). Außerdem mehrwöchige Sprachferien und -kurse in USA, Australien, Neuseeland, Kanada und europäischen Ländern. Universitätsprogramme für Studenten. Auch Kurse für Erwachsene.

EUROVACANCES
Organisation für Youth Exchange
Rothenbaumchaussee 26
20148 Hamburg
Tel.: (0 40) 44 70 70-0
USA, Australien, Süd-Amerika: 15–18jährige Jugendliche.
Stipendien möglich.

EXPERIMENT
Ubierstraße 30
53173 Bonn
Tel.: (02 28) 9 57 22-15
USA: 16–18jährige Jugendliche. Außerdem Au-Pair-Aufenthalte, Sprachkurse und Familienaufenthalte.

fee Sprachreisen
Leibnizstraße 3
70193 Stuttgart
Tel.: (07 11) 63 80 48
USA, Kanada, Australien, England, Irland, Frankreich: 15–18jährige Schüler(innen). Vermittelt auch Schüler an private High Schools.

Dr. Frank Sprachen und Reisen
Kleiner Markt 11
Postfach 146
64629 Heppenheim
Tel.: (0 62 52) 50 77
USA, Kanada, Australien, Japan, europäische Länder: 14–18jährige Schüler(innen). Außerdem College-Aufenthalte und Vermittlung an private High Schools und Internate. Sprachreisen und -kurse auch für Erwachsene.

Friendship Connection
Manfred Peter
Uferstraße 16
34302 Guxhagen - B
Tel.: (0 56 65) 41 06
USA: 15–18jährige Schüler(innen). Das Programm beruht auf Gegenseitigkeit. Dauer des Aufenthalts ca. ein Monat. Kein Schulbesuch.

Gesellschaft für Lebendige Sprachen
Kolonnenstraße 26
10829 Berlin
Tel.: (0 30) 7 87 41 01
USA: 15–18jährige Schüler(innen). Außerdem Work Camps, Homestays, Studien- und Sprachreisen ab 7 Jahre und Au-Pair-Aufenthalte für 18–25jährige.

GGS
Gesellschaft für Internationale Sprachstudien und Kulturaustausch
Hölderlinstraße 55
70193 Stuttgart
Tel.: (07 11) 63 21 25
USA, Großbritannien, Frankreich, Irland: 14–18jährige Schüler(innen).

GIJK
Gesellschaft für Internationale Jugendkontakte
Ubierstraße 94
53173 Bonn
Tel.: (0228) 9 57 30-0
USA, Kanada, Australien, europäische Länder: 15–18jährige Schüler(innen). Außerdem Au-Pair-Aufenthalte.

GIVE
In der Neckarhalle 129
69118 Heidelberg
Tel.: (0 62 21) 80 19 93
USA: 15–18jährige Schüler(innen). Stipendien möglich.

GLS-Sprachenzentrum
Kolonnenstraße 26
10829 Berlin
Tel.: (0 30) 7 87 41 23
USA, Kanada, Australien, Neuseeland, Japan, europäische Länder: 15–18jährige Schüler(innen). Außerdem Au-Pair-Aufenthalte, Work Camps, Community College, Sprachreisen (auch für Erwachsene), private High-School- und Familienaufenthalte.

Hardt-Forum
Kurhausstraße 22
13467 Berlin
Tel.: (0 30) 4 04 10 69
USA, Australien: 15–18jährige Schüler(innen) und Studenten. Stipendien möglich. Vermittelt auch Schüler an private High Schools, Internate, Community Colleges, Universitäten.

ICJA
Internationaler Christlicher Jugendaustausch
Kiefernstraße 45
42283 Wuppertal
Tel.: (02 02) 50 10 81
USA, Australien, Neuseeland, Taiwan, Japan, Finnland, Italien: 16–18jährige Schüler(innen). Stipendien möglich. Der Preis richtet sich nach dem Einkommen der Eltern. Der ICJA bietet auch Projekte in sozialen und politischen Projekten für 16–27jährige an.

International Student Exchange of Iowa
Chr. Moore
Ringstraße 17
Postfach 1205
53811 Neunkirchen
Tel.: (0 22 47) 26 59
USA: 15–18jährige Schüler(innen).

ICXchange-Deutschland
Gesellschaft für internationalen Kulturaustausch
Bahnhofstraße 16-18
26122 Oldenburg
Tel.: (0441) 9 23 98-0
USA, Brasilien, Frankreich, Großbritannien: 15–18jährige Schüler(innen). Stipendien möglich.

ISKA-Sprachreisen
Hausener Weg 61
60489 Frankfurt a.M.
Tel.: (0 69) 7 89 30 77
USA, Großbritannien, Frankreich: 15–18jährige Schüler(innen). Außerdem Sprachkurse.

iSt
Internationale Sprach- und Studienreisen
Stiftsmühle
69080 Heidelberg
Tel.: (0 62 21) 80 90 47
USA, Kanada, Australien, Neuseeland, Brasilien, Japan, europäische Länder: 16–18jährige Schüler(innen). Außerdem Sprachreisen für Jugendliche und Erwachsene, 2–3wöchige Ferienreisen ab 11 Jahre ohne Altersbegrenzung. Community-College-Aufenthalte in USA und Kanada.

Jeuneurope-Studienfahrten
Oststraße 162
40210 Düsseldorf
Tel.: (02 11) 35 43 23
USA, Frankreich, England, Australien, Neuseeland: 14–18jährige Schüler(innen). Außerdem Vermittlung an private Schulen, College- oder Universitätsaufenthalte, Homestays und Sprach- und Ferienreisen ab 8 Jahre.

Jürgen Matthes Sprachreisen
Bahnhofstraße 30a
25524 Itzehoe
Tel.: (0 48 21) 20 61
USA, Kanada, England:15–18jährige Schüler(innen). Außerdem College- oder Universitätsstudium für Studenten, Vermittlung an private High Schools und Sprachreisen.

Kompaß-Sprachreisen
Limburgstraße 11b
40235 Düsseldorf
Tel.: (02 11) 68 22 04
USA, Kanada, Australien, europäische Länder: 15–18jährige Schüler(innen). Außerdem Programme für Studenten und Erwachsene. College- und Universitätsaufenthalte, Sprachreisen- und kurse. Mindestalter für betreute Ferienreisen: 11 Jahre.

NACEL Jean-Pierre Bibes
Raiserstraße 18
67550 Worms
Tel.: (0 62 41) 5 62 12
USA: 12–17jährige Teilnehmer(innen). Es handelt sich um ein Programm ohne Schulbesuch mit 4wöchigem Aufenthalt.

Oberschulamt Stuttgart – Internationaler Schüleraustausch
Postfach 103642
70031 Stuttgart
Tel.: (07 11) 9 43-20 22 oder -21 17
USA, Kanada, Australien, Neuseeland, Großbritannien, Frankreich: Die Teilnehmer(innen) müssen im laufenden Jahr in der 9. oder 10. Klasse des Gymnasiums sein. Auch mehrwöchige Auslandsaufenthalte und Studienreisen für Jugendliche der Klassen 10 – 12 während der Sommerferien.

OPEN DOOR Student Exchange Germany
Ubierring 50
50678 Köln
Tel.: (02 21) 32 65 50
USA: 15–18jährige Teilnehmer(innen). Stipendien möglich.

Partnership International
ehemals Fulbright Gesellschaft
Frankstraße 26
50676 Köln
Tel.: (02 21) 21 04 11
USA, Neuseeland, England, Irland: 15–17jährige Teilnehmer(innen). Außerdem Ferienaufenthalte und mehrwöchige High-School-Besuche. Austauschprogramme für Schulleiter.

SHARE International Exchange Programs
Vidumstraße 2
49492 Westerkappeln
Tel.: (0 54 04) 96 08-12
USA: 15–18jährige Schüler(innen). Außerdem Sprachreisen, Home- und Farmstays, Bed & Breakfast-Reisen.

SSF-Reisen
Abteilung Sprachreisen
Kaiser-Joseph-Straße 263
79098 Freiburg i.Br.
Tel.: (07 61) 21 00 79
USA: 15–18jährige Schüler(innen). Außerdem Sprach- und Abenteuerreisen. Sonderbetreuung für Diabetiker mit der Möglichkeit, an einem Trainings Camp für Diabetiker teilzunehmen.

Dr. Steinfels Sprachreisen
Fliedersteig 11-13
90604 Nürnberg-Rückersdorf
Tel.: (09 11) 57 01 97
USA, Kanada: 15–18jährige. Außerdem Homestays, College-Aufenthalte, Sprachferien und -kurse.

Step Sprachreisen
Am Rinnerborn 63
35418 Buseck
Tel.: (0 64 08) 20 26
USA, Kanada: 15–18jährige Schüler(innen). Stipendien möglich. Außerdem Homestays, Sprachreisen (auch für Erwachsene) und Familienaufenthalte.

STS Sprachreisen
Connollystraße 16
80809 München
Tel.: (0 89) 3 54 27 84
USA, Kanada, Australien, Neuseeland, Frankreich: 15–18jährige Schüler(innen).

TASTE Teen-Age Student Exchange Programm
Lavesstraße 81
30159 Hannover
Tel.: (05 11) 32 99 77
USA, Kanada, Australien, Brasilien, Japan, Irland, Frankreich, Belgien: 15–18jährige Schüler(innen).

team! Sprachen & Reisen
Beethovenstraße 4
51427 Bergisch-Gladbach
Tel.: (0 22 04) 6 14 21
USA: 15–18jährige Schüler(innen). Außerdem Sprachreisen und Vermittlung an private High Schools in den USA, Kanada, Neuseeland und England.

TOP-Feriencamps
Kleiner Markt 11
64646 Heppenheim
Tel.: (0 62 52) 50 71
1–8wöchige Reisen für Kinder und Jugendliche von 4–17 Jahren in europäischen Ländern. Unterbringung in Wohnheimen und (Sport-) Camps. Ständige Betreuung und viele Programmpunkte.

TREFF-Sprachreisen
Negelerstraße 25
72764 Reutlingen
Tel.: (0 71 21) 2 12 20
USA, Australien, England: 15–18jährige Schüler(innen). Vermittelt auch Schüler an private High Schools und Studenten an Colleges und Universitäten.

VIB
Verein für Internationale Begegnung
Kleiner Markt 11
64629 Heppenheim
Tel.: (0 62 52) 24 17
USA: 15–17jährige Schüler(innen). Stipendien möglich.

YFU
Deutsches Youth for Understanding Komitee
Averhoffstraße 10
22085 Hamburg
Postfach 760347, 22053 Hamburg
Tel.: (0 40) 22 70 02-0
USA, Lateinamerika, Australien, Neuseeland, Japan, europäische Länder: 16–18jährige Schüler(innen). Stipendien möglich.

Andere wichtige Adressen:

Botschaft der Vereinigten Staaten von Amerika

Deichmanns Aue
53170 Bonn
Tel.: (02 28) 3 39-24 54

Generalkonsulate der USA (Kennen die Visa-Bestimmungen):

Clayalle 170
14195 Berlin
Tel.: (0 30) 8 19-74 54

Siesmayerstraße 21
60323 Frankfurt
Tel.: (0 69) 75 35-22 04 oder -22 06

Königinstraße 5
80539 München
Tel.: (0 89) 28 88-7 25

Amerika-Häuser mit Bibliotheken und Ansprechpartnern:

Hardenbergstraße 22-24
10623 Berlin
Tel.: (0 30) 31 00 01-43

Staufenstraße 1
60323 Frankfurt a.M.
Tel.: (0 69) 72 01 07

Tesdorpfstraße 1
20148 Hamburg
Tel.: (0 40) 4 11 71-2 76

Prinzenstraße 4
30159 Hannover
Tel.: (05 11) 32 72-84

Apostelnkloster 13-15
50672 Köln
Tel.: (02 21) 25 68 88

Wilhelm-Seyfferth-Straße 4
04107 Leipzig
Tel.: (03 41) 2 11 78 70

Karolingenplatz 3
80333 München
Tel.: (0 89) 59 53 67

Friedrichstraße 23 A
70174 Stuttgart
Tel.: (07 11) 2 29 83 12

Deutsch-Amerikanische Institute:

Kaiser-Joseph-Straße 266
79098 Freiburg
Tel.: (07 61) 3 16 45

Sophienstraße 12
69115 Heidelberg
Tel.: (0 62 21) 2 47 71

Holtenauerstraße 9
24103 Kiel
Tel.: (04 31) 55 48 66

Gleissbühlstraße 13
90402 Nürnberg
Tel.: (09 11) 20 33 27

Haidplatz 8
93047 Regensburg
Tel.: (09 41) 5 24 76

Berliner Promenade 15
66111 Saarbrücken
Tel.: (06 81) 3 11 60

Karlstraße 3
72072 Tübingen
Tel.: (0 70 71) 3 40 71

Deutsche Botschaft in USA:

German Embassy
4645 Reservoir Road N.W.
Washington, D.C.
20009, USA
Tel.: (202) 4 62-07 61

Verein Berliner Austauschschüler:

Chaussestraße 8
10115 Berlin
Tel.: (0 30) 2 03 40-3 18

Meine Adresse:

Heike Berg
HEIKE BERG VERLAG
Postfach 1109
10181 Berlin
Meine Berliner Telefonnummer
kann bei der Auskunft erfragt werden.

Bibliographie und anderer Lesestoff:

Max Rauner: Als Gastschüler in den USA – Erfahrungen, Fakten und Informationen. Reisebuchverlag Dr. Hans-R. Grundmann. ISBN 3-9800151-2-2

Aktion Bildungsinformation e.V. (ABI): Schuljahres-Aufenthalte in USA. ISBN 388720-048-9. ABI: Postfach 100164, 70001 Stuttgart.

Paul Watzlawick: Gebrauchsanweisung für Amerika – Ein respektloses Reisebrevier. 13. Auflage 1989 im R. Piper & Co. Verlag, München, 1978

Bei Piper sind in der Serie „Grauchsanweisung für..." und „Panoramen der Welt" über viele Länder Bücher erschienen.

Oskar's. Eine zweisprachige Zeitschrift für Austauschschüler, die halbjährlich im Gruner + Jahr Verlag erscheint. Erhältlich im Zeitschriftenhandel. Außerdem bei G + J: Geo-Special über New York, Rocky Mountains, USA Südstaaten u. v. m.

englischsprachig mit den Adressen der Verlage, soweit bekannt:

Where to stay USA – From $ 3 to $ 25 a Night. Council on International Educational Exchange (CIEE), 205 East 42nd Street, New York, N.Y. 10017, USA.

Handbook for Travellers to the USA 1983. Meridian House Foundation, 1630 Crescent Plaza N.W., Washington, D.C. 20009, USA.

Gregory A. Barnes: The International Student's Guide To The American University – From Choosing the Right School to Adjusting to Campus Life. VGM Career Horizons, 1991.

Gregory A. Barnes: The American University: A World Guide. ISI Press, 1984. 3501 Market Street, Philadelphia, PA 19104.

Michael Donner: How to Beat the SAT and All Standarized Multiple Choice Tests. N.Y. Workman, 1981.

English Language and Orientation Programs. (erscheint jährilch). Institute of International Education, 809 UN Plaza, New York, N.Y. 10017.

Costs at U.S. Educational Institutions. (s. o.)

Robert Farnighetti: World Almanac – and Book of Facts 1994. Funk & Wagnalls Corporation. ISBN 0-88687-745-8. One International Blvd., Suite 444, Mahwah, NJ 07495-0017, USA.

Schlagwortverzeichnis

Ich habe oft die Seitenzahl des Kapitels angegeben, das ein Thema im allgemeinen behandelt.

DANKE.
an meine Kritiker, Lektoren und Freunde, und an alle, die zu diesem Buch beigetragen haben. Insbesondere:
Mama, Nils, Norbert, Peter und Åsa, Christoph (Gimme five!), Claudia, Paul, Georgia Tornow (dranbleiben!), Ernst-Peter, Thomas. An das Amerika-Haus-Berlin für die freundliche Unterstützung.
A special thanx to Maureen Liston – Keep the Faith!
An die erwähnten und zitierten Austauschorganisationen für ihre Kritikfähigkeit.
Ein herzliches Dankeschön geht an all jene Organisationen quer durch Deutschland, die mich unterstützt haben, und die viel Zeit in ausführliche und intensive Gespräche mit mir investiert haben. So mancher leere Tisch war nach Stunden des Zusammensitzens papierbeladen – ein Haufen voll mit idealistischen Gedanken, leeren Pizzaschachteln und dazwischen Tassen mit kalt gewordenem Tee. Die qualmenden Köpfe haben sich immer gelohnt, und nie hat Kritik mir so viel gebracht. Hervorheben will ich jedoch keine Organisation – jede von ihnen kann irgendetwas besser als irgendeine andere.
...und natürlich an meine Leser für jedes gekaufte und gelesene Buch. Danke auch für konstruktive Kritik.

Wishing you
a handful of sunlight
a heart full of dreams
and a world
full of happiness